La mayoría de los libros sobre liderazgo y fe son demasiado abstractos (aburridos y poco prácticos) o demasiado folclóricos (de poco peso y egocéntricos). Roy no es ninguna de las dos cosas. En cambio, une con habilidad desventuras divertidísimas, agudas observaciones de la naturaleza humana y un estudio cercano de las Escrituras. El resultado es un libro repleto de ideas de liderazgo prácticas y memorables. No importa el título de su trabajo, no pases por alto la sabiduría que proviene de este empresario y teólogo del depósito de chatarra. Este es un libro estupendo escrito por una persona estupenda.

JOSH KWAN, socio y cofundador de *Praxis*

¡Roy Goble es uno de los mejores líderes que conozco! Creció en un depósito de chatarra, lo que le enseñó que hasta los personajes más improbables pueden hacer el trabajo... a menudo delante de las narices de los poderosos y privilegiados. ¡Eso es lo que Roy ve también en las Escrituras! Mirar la Biblia a través de la lente del liderazgo, y viceversa, le permite celebrar y cultivar la capacidad de liderazgo de todas las personas, sin importar su posición en la vida. Aunque Roy tiene éxito, también es humilde, lo que se refleja en el agudo sentido del humor de este libro. Este oportuno libro se escribió con un corazón lleno de gracia y años de experiencia práctica. Es una adición fresca y eficaz para nuestra conversación necesaria sobre el verdadero liderazgo, y no solo para esos que nuestra cultura da por sentado que van a liderar. ¡Lo recomiendo en gran medida!

BRENDA SALTER McNEIL, autora de *Roadmap to Reconciliation: Moving Communities into Unity, Wholeness and Justice*

Hay tantos tipos de líderes como empresas. Lo que importa no es el estilo de un líder, sino los resultados. Sé que Roy es un líder que impulsa la clase de crecimiento organizacional más esencial: el carácter. Puede que no sepa nada sobre la tecnología de nube, pero lo contrataría mañana mismo solo por sus ideas sobre las personas y el propósito.

ANTONIO NERI, presidente y director ejecutivo de *Hewlett Packard Enterprise*

El alcance de la trayectoria de liderazgo de Roy es asombroso. Sus historias harán que partes inactivas de tu cerebro cobren vida, y su visión de esas historias te llevará a pensar en el liderazgo y seguir a Jesús de maneras nuevas y renovadoras. Las páginas de este libro te harán reír y te dejarán boquiabierto, tal vez dos de las formas más poderosas para ayudarnos a reinventar.

NANCY ORTBERG, directora ejecutiva de *Transforming the Bay with Christ*

Entretenido, fácil de leer, realista y auténtico. La ligereza y las historias de una época que recuerdo muy bien trajeron transparencia y generaron buenas reflexiones. Las profundas conclusiones de liderazgo estaban allí en una lengua vernácula que los hacía pensar.

AL MIYASHITA, director en Nueva York de Los Navegantes

Rescatado es la guía de liderazgo con sentido común que has estado esperando. Digo «guía» porque Roy no insiste en conclusiones únicas para todos. Más bien, explora el terreno del liderazgo cotidiano, desde el depósito de chatarra hasta la sala de juntas, e invita a sus lectores a que le acompañen en la travesía. A veces serio y divertido en otras ocasiones, Roy anima a los lectores a que hagan mejores preguntas, exijan mejores respuestas y, sobre todo, a que se rían de sí mismos. Sin importar su ocupación, los lectores encontrarán la sabiduría práctica que necesitan para llevar su capacidad de liderazgo al siguiente nivel.

MARK ZORADI, director ejecutivo de *Cinemark Holding*
y expresidente de *Walt Disney Motion Picture Group*

«Este libro impresiona»... es algo que nunca dije después de leer uno de los libros de Roy. Sin ser el típico libro repetitivo sobre liderazgo, *Rescatado* se sumerge en lo profundo de la realidad de trabajar con la gente; esto es un asunto complicado, ya sea que suceda en la sala de juntas o en el depósito de chatarra. Con su humor característico a plena vista, Roy revela verdades profundas sobre el liderazgo bíblico del mundo real, a la vez que ofrece una lectura genuinamente DIVERTIDA. Sus coloridos personajes y sus parábolas desenfadadas son tan memorables como entretenidos... ¡estas son lecciones que se grabarán de veras!

JON BEEKMAN, director ejecutivo de *Man Crates*

He leído muy pocos libros sobre liderazgo que me ayudaran en las situaciones únicas y matizadas que surgen cada día, pero *Rescatado* hace eso con exactitud. Roy Goble, al igual que yo, tuvo un padre que influyó mucho en su estilo de liderazgo. Ahora, Roy vuelve la vista atrás con el ojo de un maestro de narración, destilando sus variadas experiencias en lecciones relevantes que necesitamos todos. Ser un empresario orientado a los resultados y que sigue a Jesús no es para cobardes, ¡pero Jesús tampoco fue un cobarde!

JODY VANDERWEL, socia administrativa de *Grand Angels Venture Fund II*

Rescatado es el libro de liderazgo que había estado esperando. A través del poder de la historia, Roy usa el humor, la sinceridad, y la fría y dura verdad sobre los equipos, la autoconciencia y el trabajo con las personas. Esta es una travesía a través de lecciones de vida y la sabiduría que proviene de convertir las heridas en evidencia de sanidad. La autenticidad mostrada por Roy hace que quieras sentarte con él para escuchar aún más. Te cautivarán los ejemplos y las historias mientras piensas: *No puedo creer que haya dicho eso. Rescatado* es una lectura refrescante sobre liderazgo que te permite saber que no estás solo y que, incluso en el depósito de chatarra, puedes convertir un desastre en un milagro. Este es más que un libro sobre liderazgo; es una sesión de terapia redentora para cualquiera que busque un nuevo camino a seguir en el lugar de trabajo y en la vida.

ROMAL TUNE, autor de *Love Is an Inside Job: Getting Vulnerable with God*

¿Goble escribió un *libro*?

RICH, antiguo compañero de trabajo en la chatarrería

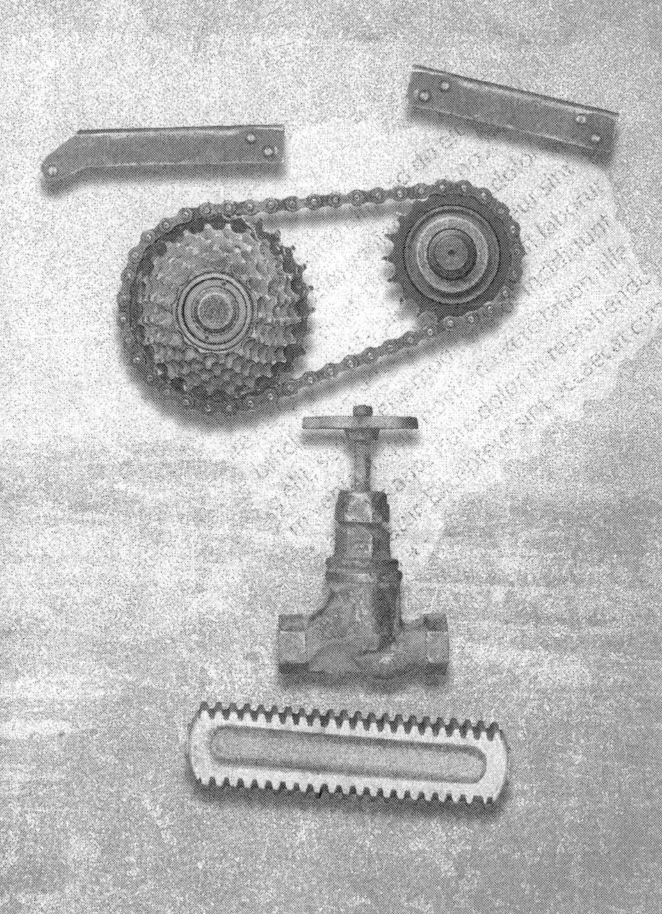

RESCATADO

LECCIONES DE LIDERAZGO DESCUBIERTAS EN EL «ORO OXIDADO»

ROY GOBLE

CON D.R. JACOBSEN

Publicado por
Unilit
Medley, FL 33166

Primera edición 2020
Serie Favoritos: 2022

Originally published in English in the U.S.A. under the title:
Salvaged, by Roy Goble
(Título del original en inglés: Salvaged, por Roy Goble)

Traducción: *Concepción Ramos*
Edición: *Nancy Pineda*
Diseño de cubierta e interior: *Digitype Services*

Producto: 497191
ISBN: 0-7899-2618-0/978-0-7899-2618-0

Categoría: Vida práctica / Negocio y liderazgo
Category: Christian Living / Practical Life / Business & Leadership

Impreso en Colombia
Printed in Colombia

Para mi padre, Ernie Goble, quien siempre modeló su propio estilo único de liderazgo.

Acta Non Verba

CONTENIDO

TERCERA SECCIÓN

CUARTA SECCIÓN

PRÓLOGO

Roy Goble fue mi primer amigo.

Nos conocimos en la clase de primer grado de la Sra. Martini en San José, California. Es probable que haciendo cola, lo cual hicimos mucho. Goble siempre venía antes de Goff, así que tuvimos mucho tiempo para conocernos. Siempre hacía travesuras, y yo me vi atraído a él como un imán.

En ese entonces, no tenía palabras que decirle a Roy, pero esos fueron tiempos difíciles para mí. A tan temprana edad, me sentía como un extraño. Debido a que era más alto que casi todos mis compañeros, se me hacía difícil esconderme, y como también era tímido, me era difícil hacer amigos.

Roy fue quien me acercó a su círculo de amigos. Esto significaba que me invitaban a las fiestas de pijamas, compartíamos los almuerzos y reíamos mucho. Nunca me vi solo en el patio de juegos. Descubrí el amor y la aceptación.

Lo cual era algo grande para un chico torpe como yo.

Lo mejor acerca de la amistad de Roy fue que él me eligió a mí, por sí solo, pues pensó que sería divertido. Ya él tenía muchos amigos. Nadie le dijo que tenía que ser bondadoso con un chico nuevo ni nada por el estilo. Aun así, Roy dio por sentado que, juntos, la vida sería mejor.

Este libro acerca del liderazgo es más de lo mismo de parte de Roy. Es divertido, travieso y agradable. Algo provocador, también, pero siempre valora el amor y a Jesús como esenciales para el liderazgo.

Roy fue líder desde que éramos niños. Era de los que organizaban las fiestas de pijamas, y era el capitán de los equipos de baloncesto y fútbol del patio. Era uno de los primeros en defender a sus amigos y uno de los primeros en reírse de sí mismo cuando se equivocaba.

Con Roy, la vida no solo eran refrescos y chicles. Nuestro grupo jugaba a las canicas tanto como nos era posible y, en ocasiones, el ganador se lo llevaba todo. Roy y yo éramos bastante buenos, pero una vez los chicos mayores, que tenían canicas muy grandes y difíciles de vencer, nos despojaron de todo. Después perder la canicas[1] por segunda o tercera vez, Roy cambió la estrategia. Al día siguiente, vino con canicas grandísimas hechas de acero sólido. Los chicos mayores se enojaron, pero las canicas eran redondas y Roy insistió en jugar con ellas. Limpiamos el piso con ellos, y mucho después me enteré de que estuvimos jugando con rodamientos de bolas industriales que Roy trajo de la chatarrería de su padre.

Cuando cumplimos once años, todos los chicos que conocíamos querían parecerse a Keith Partridge, incluso yo. Con mi pelo rojo y mis pecas, me parecía más a Danny Partridge, pero al menos todavía era parte del combo. Me llevaría más tiempo que me crecieran los flequillos ondeados y la parte de atrás del cabello como era el estilo de la época, así que le pedí a mi mamá que me comprara una camisa con un cuello de mariposa exageradamente ancho, pantalones de campana y un chaleco que les hiciera juego.

Roy se encogió de hombros y continuó usando sus vaqueros Levi y camisas de manga corta sin abrochar. Cuando le pregunté por qué no se montaba en el autobús de la familia Partridge con el resto del grupo, me dijo que esas ropas de lujo solo hacían lucir ridícula a la gente. Entonces, me preguntó por qué yo quería dejar que alguien en Hollywood que no sabía nada de nada me dijera cómo vestirme, y también, ¡por qué *yo* quería lucir ridículo!

Muy buenas preguntas.

Eso fue hace más de cincuenta años, y Roy todavía me hace bromas y me alienta para ser una mejor persona. Es probable

---

1 Ahora que tenemos casi sesenta años, hemos perdido las canicas muchísimas veces más.

que eso lo haga un gran líder: Te empuja para que seas lo mejor posible sin hacerte sentir mal. Me hubiera encantado pasar juntos aún más tiempo durante la niñez. ¿Quién sabe cuánto más hubiera podido aprender en el camino? Todavía me siento un poco celoso de no haberlo acompañado en la chatarrería cuando construyó la bazuca.

Aquí es donde pudiera hacer un viraje y dar excelentes ejemplos del liderazgo de Roy como adulto, desde Silicon Valley hasta los bosques de Belice. Sin embargo, no lo haré. Quiero enfocarme en nuestro pasado distante porque habla de manera poderosa acerca del presente.

Mi primer amigo me señaló la dirección apropiada. Cuando Roy se arriesgó *conmigo*, me ayudó a arriesgarme. Me ayudó a ser quien soy. Y eso es justo lo que le he visto hacer con otros desde que conquistamos la mafia de las canicas en la escuela primaria Booksin.

Supongo que lo que digo es que nada de lo que Roy hace como adulto me sorprende, en el buen sentido, porque lo conozco desde hace mucho tiempo. Espero que Roy haga negocios en el Reino, espero que lidere de manera fiel y contrario a la lógica, espero que reciba nuevos amigos y nuevas voces, como hasta ahora.

Cuando el resto de nosotros todavía estábamos tratando de encontrar las respuestas, ya Roy era líder. No se trata de que tuviera todas las respuestas aún, ¡pero no dejó que la incertidumbre lo detuviera!

Hoy Roy vive de la misma manera. El liderazgo está integrado en su carácter, y nunca lo desconectó ni apagó.

Aun así, no voy a jugar a las canicas con él.

Bob Goff
San Diego, California

INTRODUCCIÓN

¿POR QUÉ OTRO LIBRO DE LIDERAZGO DE MALA MUERTE?

Las *únicas* personas que deberían escribir libros de liderazgo son las que han fracasado al intentar seguir a Jesús en el lugar de trabajo.

Soy una de esas personas, como pronto descubrirás.

Desde el domingo pasado he fracasado ya seis veces. En este libro narro algunas de esas historias, como conté muchas en el primer libro[1]. Y he sido líder, de una manera u otra, cada día de mi vida adulta.

Apuesto a que tú también. Me refiero a ser líder, no a fracasar cada día. Todos somos líderes, aunque no lo creamos así.

En mi caso soy, o he sido, propietario de empresa, miembro de iglesia involucrado, empleado[2], miembro de la junta, padre y líder de una organización sin fines de lucro. No importa si tengo un mal día o no tengo ganas de ser ejemplo... sigo siendo líder.

¿Y tú? Bueno, si estás leyendo este libro, puede que seas líder de un grupo de empleados en una oficina con aire acondicionado, trabajes con un equipo de construcción o como enfermero en un hospital, o archives documentos en pijamas desde tu casa. Quizá seas padre soltero, entrenes en las Ligas Menores o voluntario en la despensa de alimentos para pobres. Tal vez cantes en el grupo de alabanzas de tu iglesia, repartas correspondencia, manejes una grúa, laves platos en un restaurante, vendas seguros o te sientes en un café todo el día escribiendo[3].

En algún momento durante tu rutina diaria, ¿tomas decisiones que afectan a otros? Como la de tratar de descubrir la manera de arreglar la fotocopiadora o decidir cuánta sal añadirle al guacamole

---

1 Por supuesto, aún no he usado *todas* mis historias. ¡Tengo que guardar algunas para el futuro!

2 Los empleados también son líderes.

3 Lo que es peor, en una oficina editando lo que el tipo en el café se pasó el día escribiendo.

para tus invitados. Si es así, eres capaz de «definir la realidad», como dijera en su famosa frase Max De Pree[4]. Eres líder.

Vivir es ser líder. El liderazgo no le corresponde solo a los que tienen una plataforma o un alto puesto. Si estás vivo, eres líder.

Como verás, a pesar de los gurús que quieren privatizar y monopolizar el liderazgo, todos somos líderes en alguna capacidad. Hasta los tipos con maestría en administración de empresas, ¡en ocasiones son líderes! Los maestros son líderes en sus aulas. Los propietarios de pequeñas empresas son líderes de sus empleados, mayoristas y clientes. El chofer de UPS es líder cada vez que le responde a un cliente enojado porque un paquete le llegó tarde, y el carpintero de un proyecto de construcción es líder siempre que responde a una orden de cambio. Todos tomamos decisiones que afectan a otros cada día, a veces, de repente, sin que tengamos toda la información necesaria. Cada vez que lo hacemos, somos líderes porque atraemos a otros hacia nuestra visión de lo que tiene que suceder.

Al igual que soy líder a diario, trato de seguir a Jesús a diario... y arriesgo el fracaso en una de estas dos cosas, o en ambas.

Esa tensión es el motivo por el que lees este libro. Para la mayoría, ser líder es el *valor predeterminado*, pero obedecer a Jesús es una *decisión*. Seguir a Jesús siete días a la semana requiere esfuerzo e intencionalidad. Necesitamos ser activos, sabios y constantes. Tenemos que estar dispuestos a arriesgarnos, lo que significa estar dispuestos a fracasar.

¿Y cómo puede un «fracasado» ser líder, mucho menos un gurú de liderazgo que escribe libros acerca del liderazgo?

Después de todo, la mayoría de los líderes dan una impresión de perfección, y escogen con cuidado sus raras confesiones para presentarlas en una luz segura y respetable. Aun así, la realidad del liderazgo (y de la vida cristiana) es mucho más complicada. Los líderes que escriben libros acerca de la grandeza no siempre son

---

[4] Max De Pree, *El liderazgo es un arte*, Vergara Editor S.A., Buenos Aires, Argentina, 1993.

grandes. Sin embargo, los libros acerca del liderazgo marchan de manera irresistible hacia adelante, al ritmo de más de cincuenta mil y contando con una reciente búsqueda en Amazon.

Con tantas voces, ¿cómo saber a quién escuchar?

Para comenzar, no debemos escuchar a los que apuntan por encima de la cabeza de la mayoría de los líderes reales de la vida diaria. Tampoco debemos escuchar cuando aplican soluciones mágicas a problemas sutiles y complicados[5]. Y no debemos prestarle atención a respuestas tan espiritualizadas y desinfectadas que no son pertinentes a la desordenada realidad de seguir a Jesús.

La mayoría de nosotros necesita una perspectiva diferente del liderazgo. Mi propósito es usar mi trasfondo (de chatarrerías a ranchos de ganado, de empresas de bienes raíces a juntas directivas de organizaciones sin fines de lucro, de misiones globales a iglesias locales, de fracasos pequeños a una estupidez en gran escala, de amante esposo y padre a inversionista exitoso), a fin de ofrecer un enfoque más pragmático al liderazgo.

Espero que sea un enfoque más *eficaz*. La mayoría de nosotros no vamos a comenzar mañana a llevar a cabo ese «próximo gran proyecto», pero sí vamos a tener que solucionar problemas, equilibrar la verdad con la compasión y, como dirían mis amigos en la chatarrería de forma más colorida: hacer las cosas.

En ese espíritu, déjame decirte quién soy diciéndote quién no soy.

No soy académico.

No soy pastor de una iglesia grande.

No soy graduado de la facultad de empresas de Harvard.

No trabajo en la oficina de la esquina ni tengo asistentes personales que me lo hagan todo[6].

El interior de mi auto está marcado por una combinación de pelo de perro, paja y fango. Lo que me queda del cabello no me lo corta un estilista a sobreprecio y, por supuesto, no uso trajes lujosos

---

5 En este libro podrás encontrar algunas declaraciones que parecen fórmulas. La diferencia es que unas páginas más adelante las contradeciré, ¡casi siempre con un propósito!

6 Mi asistente, Anne, hace tanto como diez asistentes personales.

para ir a trabajar. Es más, mi atuendo de trabajo incluye botas (así es que entra el fango a mi auto) y vaqueros (los cuales compro con frecuencia en eBay).

Lo que *soy* es un seguidor de Cristo que sale a trabajar cada día. Debido a que fracaso, quiero ser mejor.

¿Te parece conocido?

Aun así, reconozco la grandeza de algunos líderes, desde luego, y aprendo de ellos. Algunos hasta escriben grandes libros. No toda la información disponible acerca del liderazgo es narcisista ni indescifrable en lo académico. En cambio, *casi siempre* le falta algo.

¡Lo lamentable es que lo que le falta *no* es una fórmula mágica ni un método simple! Sería maravilloso si tuviera un acrónimo memorable o unos consejos al nivel de TED[7]. Pero no los tengo. Todo lo que tengo es la voluntad de luchar[8]. Las tensiones están *por todas partes* cuando eres seguidor de Cristo y líder. Es una tentación buscar fórmulas y arreglos rápidos, pero no es eso para lo que nos postulamos cuando le dijimos que *sí* al Señor. La nuestra debe ser «una obediencia larga en la misma dirección»[9], una serie de decisiones diarias que debemos tomar una y otra y otra vez. Ser buen líder puede ser difícil. Puede ser frustrante y turbio. Habrá días buenos y días malos... y semanas y años malos. Si no estamos seguros del *porqué* andamos por el camino largo, será inevitable que nos conformemos con tomar el atajo.

Estoy cansado de ver cómo se endulza la verdad. Estoy cansado de oír hablar basura acerca de lo «fácil» y «simple» que es seguir a Jesús mientras trabajas. Si queremos tener éxito en seguir a Jesús *y* ser líder, y ser la misma persona los siete días de

---

7 En cambio, si parte de tu trabajo es reservar charlas TED, llámame. Estoy seguro que después de algunas copas de vino puedo inventar una jerga convincente.

8 Mi primer libro, *Junkyard Wisdom: Resisting the Whisper of Wealth in a World of Broken Parts* [La sabiduría de la chatarrería: Cómo resistir el susurro de la riqueza en un mundo de piezas rotas] (Deep River Books, Sisters, OR, 2016), se trata de cómo luchar con la tensión entre la riqueza y el discipulado.

9 Eugene H. Peterson, *Una obediencia larga en la misma dirección*, Editorial Patmos, Miami Gardens, FL, 2005.

la semana, necesitamos buscar *toda* la verdad, no trivialidades bonitas para publicar en Twitter.

Entonces, ¿qué espero que saques de la lectura de este libro?

Ante todo, la disposición de entrar a las contradicciones y el desorden del liderazgo. Quizá veas a veces que me contradigo o que tal vez no esté claro del todo en cuanto a algo. Bueno, en parte es a propósito. Al igual que las Escrituras, al igual que las enseñanzas de Jesús, no hay muchas cosas en la vida que sean lineales. Lo mismo sucede con el liderazgo.

Segundo, espero que te rías en ocasiones. Cuando me río pienso mejor acerca de mí mismo y de los demás. Hay una claridad que viene en esos momentos cuando nos relajamos, bajamos la guardia y solo nos reímos a carcajadas por la gracia de lo que tenemos delante, y en esos momentos Dios se ríe junto con nosotros. (Y de igual manera *de nosotros*, como se ríe un padre cuando su hijo hace cosas graciosas). Así que muchos de los capítulos contienen historias o consejos que espero que te hagan reír por la audacia de tratar de ser buen líder y fiel seguidor de Jesús. Es obvio que ser un buen líder y seguir a Jesús no es cosa de risa. No obstante, sí generará muchas historias... y algunas podrán terminar con ratas envenenadas cayendo como lluvia del tejado.

Son muchos los líderes que no son seguidores de Jesús. Muchos de los seguidores de Jesús no buscan practicar un liderazgo eficaz, basado en los resultados. Las treinta y una historias que siguen tratan de lo que sucede en la intersección de tu trabajo y tu compromiso con Cristo. Vamos a explorar cómo personas de verdad pueden ser líderes respondiendo el llamado de Dios para sus vidas.

También hablaremos de bazucas caseras, porque son geniales.

Si no nos podemos reír de la vida, y sobre todo de nosotros mismos, nunca podremos pretender ser buenos líderes. Y cuando terminemos de reír, quizá entendamos mucho mejor cómo seguir a Jesús a diario, y cómo esto nos puede transformar a la larga, y convertirnos en líderes con sustancia, sin importar nuestro trabajo.

Tercero, espero que puedas conocer algunos de los personajes que cambiaron mi vida para bien.

Sobre todo mi padre, a quien destaco mucho en este libro y en mi corazón. Mi papá era un gigante que prosperó por sus propios esfuerzos; su historia lo llevó de la pobreza extrema de Oklahoma, a operador de una chatarrería, y a dirigir con éxito una empresa de bienes raíces. Papá era un John Wayne, sin la tendencia a la bebida ni a las peleas a puño, y fue miembro fiel de la misma iglesia bautista por más de cincuenta años. Tenía un sentido intuitivo de los negocios que incluía de todo, desde salones de billar a desguaces, a limpiadores de vapor, a lavadoras de auto operadas por monedas, a criaderos de cerdos[10]. Algunos dieron resultado, otros no, pero él estaba dispuesto a probar lo que fuera. Su criadero de cerdos fue divertido: Encontró una dulcería que regalaba todo el producto viejo del día anterior, así que trató de criar cerdos con solo panetelas *Twinkies* y pan vencido. No, no dio muy buenos resultados.

Tres cosas amaba mi padre con pasión: Dios, su familia y los negocios. Siempre procuró combinar la familia y los negocios, en parte porque podía hacer lo que amaba con la gente que amaba. Adoraba a sus nietos, y los hacía reír «entrenando» a su automóvil a detenerse en todas las tiendas de rosquillas que pasaba[11]. Papá cantaba todas las canciones, hasta «Sublime gracia» con la música de «Hogar en la cordillera», no le importaba trabajar doce horas seis días a la semana, y a los ochenta años lidiaba felizmente con gana-

---

10 Y de verdad que digo intuitivo. Nunca asistió a clases de contabilidad ni de gestión empresarial, ni tuvo preparación alguna de administración de empresas. Su «plan estratégico» casi siempre fueron algunos cálculos en la parte de atrás de una servilleta.

11 Echaba los brazos hacia atrás y usaba las rodillas para conducir el auto hacia el estacionamiento de la tienda de rosquillas. No era necesariamente la mejor y más segura forma de conducir, en especial cuando los nietos siempre tenían que recordarle que se pusiera el cinturón de seguridad y mirara por dónde iba, pero memorable de todas formas.

do inquieto[12]. Cansado de perder siempre los calcetines y tener que echar uno a la basura, fue a la tienda Macy's y se compró doscientos pares de medias del mismo estilo para que siempre combinaran. Se «robó» tantos bolígrafos de mi escritorio que un día de su cumpleaños le regalé dos mil de ellos, y en solo tres meses ya los había perdido todos. Papá era un hombre bondadoso y tolerante que tenía muy poco uso de los haraganes y detractores, y vivió su vida bajo el lema: *Acta Non Verba,* «hechos, no palabras». Jamás nadie pudo controlar a mi ferozmente independiente padre. Si veía un cartel que le decía que no pisara la hierba, hacía un picnic y ahí mismo se sentaba. Y todos los que tuvimos el privilegio de vivir a su lado fuimos mejores por eso.

Otro personaje es la chatarrería de mi padre, donde casi crecí. Como él, la chatarrería era *todo* un personaje. Fue donde aprendí a trabajar y donde aprendí a ser líder. En la parte de atrás había un campo abierto, empapado en grasa y repleto de autos polvorientos, casi siempre sin ningún orden en particular, valorados más por sus piezas que por su totalidad. Así también puede ser la vida, para bien o para mal. Es desordenada y sucia, pero a nosotros nos gusta desinfectarla a menudo. A veces es bueno un poco de esterilización... pero otras veces también elimina la misma grasa que hace que las ruedas se muevan hacia adelante. No es fácil encontrar ese equilibrio. Sin embargo, lo que aprendí acerca de mi amiga la chatarrería puede que diseminara un poco de luz sobre algunas cosas.

Por último, espero que me conozcas un poco. Crecí en los suburbios, en un vecindario de clase media, los sábados trabajaba en la chatarrería de mi padre, y asistía a una iglesia grande y dinámica los domingos. Cuando estaba en la secundaria, nos mudamos a un rancho de ganado, donde aprendí a cabalgar y a herrar. Más tarde me mudé a la bella ciudad de Santa Bárbara, para asistir a la

---

12 Hasta que un toro decidió correrle atrás. Lo atropellaron y se fracturó el cuello. Sin embargo, esto no le impidió vivir, y unos meses después se montó a una limusina con sus amigos del instituto y recorrieron la Carretera 66 hasta llegar a su pueblo natal en Oklahoma.

universidad. Después de graduarme, me casé con D'Aun, comencé a trabajar en el negocio de mi padre de bienes raíces, y empecé a hacer negocios en lo que ahora se conoce como Silicon Valley. A menudo, esto significaba supervisar equipos de construcción y administración mientras que negociaba contratos con contratistas y agentes. Antes de cumplir treinta años, D'Aun y yo comenzamos la primera organización religiosa dedicada al cuidado del medio ambiente, lo que nos llevó a la Alta Sierra, las llanuras de Zimbabue, y las selvas tropicales de Centroamérica. En medio de todo esto ayudamos a plantar una iglesia, criamos a dos hijos excelentes, construimos o remodelamos media docena de casas, comenzamos una empresa de aceite de oliva, administramos un viñedo y lanzamos un ministerio para educar jóvenes en riesgo.

A través de todo, era líder de alguna manera u otra. Incluso, cuando era niño y trabajaba en la chatarrería, o cuando acorralaba al ganado, o saboreaba una taza de café en un sitio de moda mientras aconsejaba a un futuro líder, o solo cuando conversaba de teología con algunos amigos en el patio de mi casa con una copa de vino en la mano, era líder.

Tú, de seguro, también tienes historias que contar, o las tendrás cuando llegues a mi edad. Debido a que como dije, todos somos líderes.

Muy a menudo pensamos que los líderes que importan son *otros*. Y muy a menudo pensamos que mejorar el liderazgo significa hacer cambios masivos de paradigmas.

Lo cierto es que, *nosotros* somos los líderes que importan, y podemos cambiar nuestra manera de dirigir, comenzando ahora[13].

---

13 No *ahora mismo*, porque es posible que estés usando la función «Mira adentro» en línea. Cómpralo, lee otro capítulo, o dos, y luego comienza a aplicar lo que digo... o al menos evita los errores que he cometido.

PRIMERA SECCIÓN

CON EL DEBIDO RESPETO
A ROBERT FULGHUM, TODO LO QUE
NECESITABA SABER DE VERAS ACERCA DEL
LIDERAZGO LO APRENDÍ EN LA CHATARRERÍA.

1
TARTA Y PEPINILLOS (Y NO, NO ESTOY EMBARAZADO)

Para ser buenos líderes, necesitamos saber lo que nos motiva, así como lo que motiva a los demás.

«¿Has probado el escorpión sobre una base de guanábano?».

Había estado mirando al escorpión, pero ahora subí la vista para ver a una joven sonriente que me animaba a probar este mejunje extraño. Mi esposa, D'Aun, y yo asistíamos al banquete anual del Club Exploradores en Nueva York, todos vestidos con el traje tradicional y esmoquin... pero los aperitivos en oferta eran, bueno, *raros*. No solo escorpiones, sino tarántulas cocidas, ensalada de medusas e iguanas al horno.

De acuerdo, pensé, *hay tiempo para todo*. Tomé el escorpión con el palillo y me lo tragué de un golpe. ¿Y sabes una cosa? ¡No me supo tan malo!

Dudo que cada vez que tenga una oportunidad me verás comiendo escorpiones. Acabo de cumplir sesenta años, y añadir arácnidos a mi dieta no es una de mis metas. Sin embargo, la experiencia me hizo recordar algo: los extraños antojos alimenticios que algunos experimentamos. Tengo amistades que no pueden ver una película sin palomitas de maíz con mantequilla y un vaso de Chardonnay. Otros se vuelven locos por las fresas con vinagre balsámico. Algunos le ponen azúcar al tomate y sal al melón. Y mi difunto padre... bueno, él tenía su propia categoría.

Mi padre era producto de la Gran Depresión. Aunque nació en Montana, su madre falleció cuando era joven y su padre mudó a la familia a Oklahoma... a tiempo para algo llamado *The Dust Bowl* [literalmente, «Cuenco de Polvo»]. Al igual que muchos otros, pusieron su vista en el oeste buscando los personajes de la novela de John Stainbeck: *Las uvas de la ira*. Al llegar al norte de California trataron de echar raíces[1], pero la vida continuó siendo muy difícil.

No era raro que mi papá se pasara un día entero sin comer. Sin embargo, como muchos entonces, él era fuerte y creativo, siempre encontrando lo que necesitaba para subsistir.

Por ejemplo, en el pequeño pueblo de Port Chicago, donde vivían, en ocasiones las iglesias y los grupos comunitarios hacían fiestas. Mi papá se mantenía alerta, y cuando escuchaba de algún evento donde los asistentes traían comida, él solo entraba a la recepción o al salón social de la iglesia donde se celebraba. Con tanta gente que asistía y recorría las mesas con los alimentos, nadie le ponía atención a un niño, y si lo hacían, miraban hacia otro lado con bondad. La gente sabía que había otros pasando hambre.

Imagínate un niño flacucho, mirando con fijeza a las largas mesas cubiertas con una cornucopia de comida hecha en casa. Guisado de atún. Tortas de papa. Tazones llenos de mentas y nueces mezcladas. Tarros de pepinillos. Panecillos. Guisados de frijoles y chorizo. Maíz. Panetela. Bizcochos. Limonada y café.

Ahora, imagínate a ese mismo chico con la gracia y el buen sentido de no correr al frente de la línea, sino más bien quedándose atrás llenando su plato con las sobras. Quizá fuera una función de los sabores culinarios de la región, pero casi siempre sobraba tarta de chocolate y pepinillos. La tarta de chocolate, porque siempre en

---

1 Una tarea fácil gracias al hecho de que su casa era una tienda de campaña con piso de tierra.

estos bufés hay *demasiados* postres, y pepinillos porque la mayoría de la gente que pone uno en su plato, no se lo *comen* en realidad. Papá, en cambio, con gusto se llenaba la barriga con esa combinación poco común. El extraño resultado de las incursiones de papá en las líneas de bufés de Port Chicago era una fantasía inesperada y duradera para esa mezcla de azúcar y vinagre que revolvía el estómago.

Es más, mi padre tuvo esa predilección toda su vida. Aun cuando pudo ya comprar cuanto alimento deseaba, en ocasiones degustaba de ese manjar de tarta de chocolate y pepinillos. Nunca le dio mucha importancia, y de muchas maneras, lo avergonzaba, sobre todo cuando prosperó. Sin embargo, comer aquel mejunje le transportaba a sus raíces humildes y la emoción que sentía cuando descubría esas calorías sobrantes.

De cierta forma, todos somos como mi padre. Todos tenemos nuestros antojos. Para algunos, es el alimento; y para otros, es la adulación. Podemos ser adictos a la experiencia o cazadores de adrenalina. Nos motiva un cheque de pago en constante aumento, mientras que otros siempre buscan nuevas amistades.

Si no tenemos cuidado, podemos explotar nuestros antojos. Cuando era más joven, le ofrecía a mi papá tarta de chocolate con pepinillos cuando quería que me hiciera un favor. Él nunca cayó en la trampa, pero siempre se reía, y creo que hasta admiraba mi intento. Un líder sabio debe conocer tanto sus propias motivaciones como lo que motiva a su equipo... y, entonces, usar ese conocimiento para el bien y no para explotar.

RESCATADOS DE LA ESCRITURA

La Escritura está llena de personajes con antojos. Algunos fueron motivo de un comportamiento reprensible. Considera al rey David, que deseó a Betsabé a tal punto que cometió asesinato. Al menos una vez, los antojos fueron causa de algo estúpido cuando Esaú cambió su primogenitura por un plato de lentejas. A todos nos atrae la tentación de antojos dañinos.

Sin embargo, también hay ejemplos de momentos cuando los antojos se expresaron de manera sana y positiva.

Los Salmos están llenos de anhelos por la presencia de Dios[2]. Los Proverbios expresan la pasión por la Palabra de Dios una y otra vez. A Nehemías lo motivaba la gloria de Dios. Al apóstol Pablo parecía que lo impulsaba una profunda compasión por quienes en el Imperio romano no habían escuchado el evangelio. Ester tenía un profundo sentido de responsabilidad para con su pueblo, combinado con el valor que solo una mujer de fe puede poseer. De igual manera, a Rut la motivaba una fe profunda y un sentido de responsabilidad por sus compromisos familiares.

A todos estos personajes los motivó la pasión sana de honrar a Dios con su trabajo.

Poner en orden nuestros antojos nos hará líderes más fuertes. Y comprender la motivación (los antojos) de nuestro equipo nos permitirá ofrecer los incentivos apropiados. No todos seremos como Pablo, Ester o Rut. Aun así, no todos seremos como Esaú tampoco. Y entender esas motivaciones nos permitirá canalizar de forma adecuada nuestros instintos hacia un objetivo sano.

LECCIONES DE LA CHATARRERÍA

Si no tenemos cuidado, podemos explotar nuestros antojos.

Poner en orden nuestros antojos nos hará líderes más fuertes. Comprender la motivación de nuestro equipo nos permitirá ofrecer los incentivos apropiados.

---

[2] Lo curioso es que muchos de esos salmos los escribió un hombre que anheló el adulterio y cometió asesinato. La Biblia, como la vida, se niega a ser pulcra y ordenada.

2

¡APUNTA ALTO! (SOBRE TODO CON UNA BAZUCA CASERA IMPULSADA POR ACETILENO)

Pocas veces logramos el cien por ciento de lo que intentamos. Por eso debemos intentar más de lo que esperamos lograr.

Advertencia: Este capítulo tiene un parecido a esos afiches motivacionales que se ven en la pared de una oficina de gerencia intermedia. Pero a diferencia de esos afiches, creo que este capítulo te parecerá divertido.

Una aburrida tarde de verano en la chatarrería, me volví a un pasatiempo muy común entre varones: Comencé a pensar en las bazucas.

Resulta que el tipo con quien trabajaba *también* pensaba en las bazucas. No recuerdo su nombre, pero era joven y necio, por lo que es natural que me gustara andar con él. Para efectos de esta historia, le daré un seudónimo inocente. Vaya... bien, ya lo tengo.

Memo y yo habíamos oído que se podía tomar la transmisión de un automóvil y convertirla en una bazuca[1]. Esa tarde, después

---

1 Para entrar en tecnicidades, la transmisión es un tubo que conecta el motor montado en el frente del auto a las ruedas traseras. Esto era en los días cuando eran largas, anchas y huecas (hoy tienden a ser cortas y sólidas). Si se le cortan los extremos, tenemos un tubo extremadamente fuerte.

de concluir (en nuestra sabiduría) que la información era sólida, esquivamos el trabajo y encontramos una vieja transmisión de más o menos un metro y medio.

De ahí, el proceso fue simple. En un ángulo de unos cuarenta y cinco grados, Memo soldó la transmisión al camión del patio[2]. Luego, lo llenamos como hasta la mitad de trapos viejos, seguido por una vieja pelota de tenis que desechó uno de los perros.

«¡Esto va a disparar hasta la próxima zona de tiempo!», dijo Memo, aunque su lenguaje fue más colorido y menos consciente de cosas como zonas de tiempo. Yo asentí con emoción.

Todo lo que faltaba era un propulsor, y como era nuestra primera experiencia con una bazuca casera, decidimos usar lo más inflamable que pudimos encontrar: el acetileno que usábamos para las antorchas de corte para desguazar los vehículos.

Nos alejamos a una distancia segura, ¡unos dos metros fue suficiente!, y comenzamos a encender fósforos en el fondo de la transmisión. El tercer fósforo encendió el acetileno, produciendo un sonido que solo puedo describir como... de qué manera puedo decirlo... *¡BBBUUUMMMPPPUUU!* La pelota de tenis salió de la bazuca a una velocidad nefasta, hacia arriba, arriba, arriba... por apenas unos 0.02 segundos. Entonces, golpeó el lado del edificio de metal de la tienda, y produjo un nivel de decibeles en algún lugar entre un avión despegando y una bomba nuclear.

Por suerte, las únicas personas dentro de la tienda en ese momento eran la mayoría de nuestros empleados y todos nuestros clientes. Y mi padre.

Tuve un momento para reflexionar. En lo positivo, disparé una bazuca casera, ¿y cuántos otros chicos podían decir eso? En lo negativo, mi vida estaba a punto de terminar.

Papá salió volando de la tienda como una avispa enojada, ¡y *parecía* que quería matarme! Sin embargo, una vez que evaluó la

---

2 Los camiones de campo eran parte camioneta, parte grúa, sin registrar, por lo regular sin vidrio, a veces sin puertas. Los usábamos para transportar autos y piezas dentro del patio.

situación, escogió el camino de la misericordia, como lo hacía a menudo, y me permitió vivir. Papá me redujo el salario y me asignó el trabajo de limpieza más sucio que pudo encontrar, lo cual incluía estar muy cerca de: (a) ratas, y (b) químicos tóxicos[3].

Memo y yo aprendimos la lección; debo darle el crédito a mi papá por eso. Nunca más usamos el potente, inflamable y mortal acetileno para lanzar una pelota de tenis hacia el costado del edificio.

No.

Las próximas veces, después de volver a soldar la bazuca y de ajustar el apunte, evitamos el edificio por unos seis metros. También nos mantuvimos alejados de la calle afuera y de la mitad del parque industrial al frente. Así que lo hicimos otra vez, y otra vez. ¡A veces me he preguntado lo que la gente pensaba cuando veía pelotas de tenis caer del cielo!

RESCATADOS DE LA ESCRITURA

¿Sabes quién apuntó alto? David, el matagigantes.

La historia de David y Goliat es una de las cinco más famosas en las Escuelas Dominicales, y los niños la escuchan desde muy temprana edad, aunque termina con una decapitación[4]. A menudo enseñamos como lección al que lleva las de perder y de pronto gana sin que nadie lo espere. No obstante, ¿qué me dices si David era el *favorito* en realidad? (Nota: Te recomiendo que leas la opinión de Malcom Gladwell acerca de la historia de David y Goliat en: *David y Goliat: Desvalidos, inadaptados y el arte de luchar contra gigantes*. Es muy buena lectura, y he tomado aquí algunas de sus ideas).

---

3 Esos eran los buenos tiempos de antaño.

4 Tampoco la decapitación es lo peor que sucede en el Antiguo Testamento. Podemos sacar lecciones de Escuela Dominical de... veamos... Jael, que usó un martillo para clavar una estaca en la sien de un hombre (Jueces 4:21-22), Aod, que clavó el puñal tan profundamente en la barriga de un rey gordo hasta que la empuñadura desapareció (Jueces 3:21-22), o la tierra que se abrió y se tragó un montón de familias (Números 16:28-33). ¡Divertido!

Imagínate un gigante de casi tres metros de altura, vestido con toda su armadura de infantería y portando un escudo de kevlar. Está listo para patear algunas puertas y varias dentaduras. Temible, seguro, pero no para todos, y lo cierto es que no lo era para un francotirador de metro y medio que es propenso a una azotea en la calle. David tenía lo que podemos considerar hoy en día un rifle de alta precisión, y Goliat, con su mala vista, su equipo incómodo y un cuerpo difícil de mover, era un blanco perfecto. David no ganó como un pobre desvalido. Más bien, usó sus músculos de pastor, sus reflejos rápidos y su tecnología superior, y sí, el Espíritu de Dios, para derribar al gigante.

Quizá aprendiéramos de manera indebida la lección de David y Goliat. Mejor dicho, aprendimos una lección *más floja*. ¿Puedes decir que has logrado el cien por ciento de todo lo que has intentado como líder? Tu fracaso no significa que debes intentar menos, ¡significa que debes intentar más![5]

Como dicen los carteles motivacionales, piensa con inteligencia, prepárate, apunta alto y no te dejes intimidar. Bozo y yo nos aprendimos de memoria la segunda parte de ese consejo. Los líderes eficientes lo toman todo. La próxima vez que afrontes un desafío, puede que te favorezca, en lugar de quedarte relegado. Así que apunta alto. ¿Qué tienes que perder?

LECCIONES DE LA CHATARRERÍA

¿Puedes decir que has logrado el cien por ciento de todo lo que has intentado como líder? Tu fracaso no significa que debes intentar menos, ¡significa que debes intentar más!

Piensa con inteligencia, ven preparado, apunta alto y no te dejes intimidar.

---

5 Jesús les dice a sus amigos que sean perfectos (Mateo 5:48). ¿Otro ejemplo de apuntar alto?

3

RATAS EN EL TECHO

A veces es peor el remedio que la enfermedad.

Estaba en séptimo grado cuando mi mamá y mi papá compraron un rancho deteriorado a unos cuarenta y ocho kilómetros al noreste de San José. Además de la casa más grande, pero descuidada, había hectáreas de colinas ondulantes, pastos cercados y árboles frutales en mal estado, así como un arroyo de temporadas.

Con solo una breve excursión a Oklahoma, había vivido en San José toda mi vida. Sin embargo, las cosas estaban cambiando cuando entré en la secundaria, y no para bien (consulta el capítulo 8 acerca de tener amigos en posiciones bajas).

Mi papá quería tierra y un escape de la rutina de la chatarrería. Mi mamá quería un huerto y aire fresco. Y yo, a los doce años, ¡estaba dispuesto a probar lo que fuera![1]

El rancho era perfecto, sin contar las tropecientas ardillas que ya vivían allí. Que conste, estas no eran las adorables criaturitas del mundo de Disney... ¡eran agresivas! Al no haber dueños que

---

[1] Un brusco cambio de la chatarrería. ¿Puedes ver el choque cultural? Fui de botas de trabajo llenas de grasa a botas de vaquero cubiertas de, bueno, otra cosa.

se encargaran de su cuidado, las ardillas gobernaron el rancho por años, y se sentían con todo el derecho a la metrópolis subterránea que excavaron.

Lo que tenían creado *era* maravilloso en sí mismo. Por dondequiera que mirábamos (el pasto llano, el manzanal inclinado, las orillas del arroyo, el patio del frente) podían verse huecos. Huecos infinitos. El rancho era un paraíso sin reglas donde las ardillas podían excavar sin limitaciones.

Como es natural, mi papá decidió matar hasta la última de estas mocosas.

No porque odiara por completo a las ardillas, sino porque necesitaba proteger nuestra nueva manada de reses. Para empezar, las vacas no son las criaturas más listas, y cuando les añades cuatro patas larguiruchas y un cuerpo gigantesco tropezando en un hueco de ardillas, para una vaca esto puede resultar su sentencia de muerte o, para el dueño, una cuenta de veterinario inmensa.

Mi papá fue a la oficina de agricultura local, y esta buena gente le dio grano mezclado con veneno mortal. (No solo mortal para las ardillas, sino que en 1972, eso no parecía estar en el radar de la gente)[2].

Así que mi papá llevó todo el ganado a un lugar seguro y regó el grano alrededor de cuanto hueco pudo encontrar. No *todas* las ardillas desaparecieron de pronto, pero sí ayudó a lidiar con el problema. Resuelto, ¡y con impresionantes resultados!

En nuestros negocios y organizaciones, a menudo nos enfrentamos a una tentación justo después de lograr algo impresionante. Lo replicamos de inmediato. Lo aplicamos a otras situaciones.

Y eso es con exactitud lo que hizo mi padre.

---

2 Muy bien, en el radar de alguna gente. El mundo tiene una gran deuda con personas como Rachel Carson. Consulta el libro de Rachel Carson, *Primavera Silenciosa*, Planeta de Libros, Barcelona, España, 2014.

Como verás, la chatarrería tenía el mismo problema. En vez de ardillas, teníamos ratas asquerosas, y en lugar de huecos teníamos vigas en el techo. (Y en vez de ganado teníamos... clientes. Sin embargo, es probable que eso sea llevar muy lejos la comparación. Tal vez).

Las ratas en el techo eran algo malo, no solo por el mordisqueo continuo y apresurado, y el reguero general. También dejaban su excremento por todas partes. El mostrador, los clientes, los libros, el piso.

Un sábado, mi papá tomó lo que le quedaba del grano y lo llevó a la chatarrería, lo regó por todas partes después de cerrar, y esperó a que sucediera la magia.

Vaya, y lo que sucedió.

Lo sé porque a mí me tocó trabajar el lunes después que el veneno hizo su efecto. Como todo lunes normal, ese edificio cavernícola de metal olía a gasolina, aceite y humo de cigarro. El polvo y la suciedad cubrían casi todas las superficies. Los empleados llegaban con sus diferentes estados de humor y de alerta, y luego los clientes se aparecían y comenzaban a registrar los estantes buscando sus piezas.

Entonces, ese lunes fue *diferente*; de pronto, las ratas comenzaron a llover desde las vigas del techo.

Pumba. Una rata grande y gorda se cayó de su viga, y aterrizó... en la espalda de Ángel, que estaba inclinado sobre un motor que estaba arreglando. Ya yo conocía algunas malas palabras en español, pero tal parece que no todas.

Pumba. Otra saltó al medio del piso, justo cuando un cliente entraba por la puerta.

Pumba. Una tercera cayó sobre el mostrador, entre la caja y el teléfono.

Y así continuó. Cada una de esas criaturas sintió la necesidad de comer el veneno y arrastrarse hasta las vigas antes de morir. ¿Las hubiera matado comerse el grano y quedarse en el piso, escondidas por los rincones? Bueno, en realidad, sí, las hubiera matado de todas formas, ¡pero hubiera sido mejor para nosotros!

Durante el resto del día continuó la lluvia de ratas y, como es natural, los clientes huyeron.

Al día siguiente, vinieron *nuevos* clientes, de manera específica para ver las ratas muertas. Digamos que ese *no es* el tipo de cliente que uno quiere.

Al igual que las ratas envenenadas, las ventas cayeron por un tiempo. Una vez que se corrió la voz del *incidente* entre otras chatarrerías, las líneas telefónicas de grupo que usábamos para intercambiar piezas se encendieron con broma tras broma.

Sí, ¿alguien tiene un sistema de escape para un Lincoln Town Car de 1960 al 1963... preferiblemente sin ratas que lo tupan?

No, no tiene nada de gracioso.

En pocos días, mi papá superó las cinco etapas emocionales de la exterminación de ratas:

Negación. ¿Problema de ratas? ¿Qué problema?

Ira. Un momento, tengo suficiente veneno para matar a esos animales.

Negociación. Si las ratas dejan de caer de las vigas, nunca más envenenaré otra criatura peluda en lo que me queda de vida.

Depresión. Nuestra chatarrería es el hazmerreír de California.

Aceptación. Bueno, es gracioso después de todo. Más o menos.

Las ratas de la chatarrería murieron, pero en perspectiva, papá hubiera preferido dejarlas vivir. Envenenar las ardillas fue una victoria. Llenamos los huecos y dejamos salir las vacas, y todo el mundo estaba contento. (Excepto las ardillas, desde luego). Envenenar las ratas fue una pérdida. Matamos las ratas, pero perjudicamos el negocio también. Después de todo, ¿era *tan malo* el problema de las ratas que necesitábamos emplear armas nucleares para exterminarlas? A veces es peor el remedio que la enfermedad.

RESCATADOS DE LA ESCRITURA

La Biblia contiene algunas historias crueles que nos pueden hacer retorcernos, como el veneno de ratas. La historia de David y Betsabé (y Urías) es una de ellas, y su brutalidad se pierde si corremos directo a la moraleja. Así que, debemos estar seguros de tener toda la información antes de llegar a conclusiones. El rey David espía a Betsabé mientras se baña. Betsabé, por cierto, está casada con uno de sus soldados, Urías. A David le gusta lo que ve, tanto que manda «mensajeros a buscarla» y traerla al palacio[3]. Esa noche pasajera de adulterio resulta en un embarazo. ¿Cuál fue la solución de David? Asesinar a Urías. Y esto de uno de nuestros héroes favoritos del Antiguo Testamento: «un hombre conforme al corazón de Dios»[4].

¡Vaya que el remedio es cien veces peor que la enfermedad! (Por cierto, si quieres leer la historia completa, que es más desvergonzada que este resumen, lee 2 Samuel 11:1-27).

Ser un buen líder puede significar resistir la tentación de repetir un error. También puede significar, como en el caso de mi padre y el veneno de ardillas, resistir la tentación de aplicar una solución específica (reducir la población de ardillas) de forma más general. Puedo decir esto acerca del intento de mi papá para deshacerse de las ratas de la chatarrería: Al menos, basó su decisión sobre una decisión previa. El rey David ni siquiera tuvo ese derecho. Comenzó con una mala idea cuando puso su mira en Betsabé; luego, complicó el error «invitándola» a venir al palacio. Y aún después,

---

3 2 Samuel 11:4. No parece que ella tuviera mucho que decir.

4 Hechos 13:22, que hace eco de 1 Samuel 13:14.

empeoró el asunto cuando no asumió la responsabilidad de sus acciones. Ah, ¡estoy seguro de que mandar a asesinar a su esposo le ganó un lugar en la columna de los negativos!

Tenemos que reconocer que es un hilo impresionante de malas decisiones consecutivas. Mi padre aprendió su lección cuando las ratas comenzaron a caer del techo, pero el rey David ni siquiera aprendió hasta que el profeta Natán lo confrontó[5].

En nuestras empresas, iglesias y organizaciones, no todas las ratas tienen que morir. La mayoría de nosotros puede aprender a vivir con unas cuantas de ellas[6].

No todo cliente difícil, relación tensa o nudo en la cadena de abastecimiento necesita eliminarse. A veces, vivir con un problema es la forma de proceder más sabia y eficaz. No porque el problema sea tan maravilloso, sino porque eliminarlo puede resultar en algo mucho peor.

LECCIONES DE LA CHATARRERÍA

A veces es peor el remedio que la enfermedad.

Ser un buen líder puede significar resistir la tentación de repetir un error.

A veces, vivir con un problema es la forma de proceder más sabia y eficaz.

---

5 Consulta 2 Samuel 12 y Salmo 51.

6 Sé que es difícil. Yo también detesto la idea. Pero oye, tú amas a Jesús, ¿verdad? Así que supéralo.

4

TRAE ROSQUILLAS CUANDO LLEGUES TARDE (Y NO LLEGUES TARDE)

Siempre le traemos rosquillas a Dios, y Él siempre nos perdona y nos vuelve a poner a trabajar.

De cierta forma, la chatarrería es un poco libertaria. Vive y deja vivir... siempre y cuando todas las piezas estén amontonadas, ¿a quién le importa el orden? Sin embargo, hay *una* ley de liderazgo que es absoluta en una chatarrería, y nunca debe quebrantarse. Esto lo experimenté una mañana de verano.

Me levanté, y de inmediato me di cuenta de que estaba retrasado para llegar al trabajo. El ángulo del sol en mi habitación era diferente por completo. Miré el reloj y... ¡cielos!, todos en el almacén ya han estado sudando por una hora mientras que el hijo del dueño va a entrar muy campante por la puerta, justo a tiempo para el receso de la mañana. ¡Vaya que es una visión pobre!

Mi papá creía tanto en la responsabilidad personal que se fue a trabajar sin mí. Yo saqué mis pantalones grasientos del día anterior y una camiseta limpia, y me puse las botas de trabajo. Dos minutos más tarde, me deslicé al asiento del conductor de mi restaurado Chevy Nova de 1970[1], animándolo para que arrancara y salí de casa. Podía haber llegado en veinticinco minutos, pero sabía que me tenía que desviar. Pasé la salida de la

[1] En realidad, eran tres autos que arreglamos en la chatarrería: un Buick Apollo en la parte trasera, un Chevy Nova en la parte delantera, y un gran motor Chevy agujereado.

autopista hasta la avenida Lincoln, hice un viraje ilegal y dejé el auto encendido mientras entraba en la tienda *Manley's Donuts.*

Sabía lo que tenía que hacer. Llega tarde unas cuantas veces y es mejor que te quedes en casa porque estarías desempleado. *A menos* que traigas rosquillas. La primera vez, trae media docena. ¿La quinta vez? ¡Mejor que traigas un par de cajas! Era la ley de liderazgo absoluta de la chatarrería con la que no se puede jugar: Si llegas tarde, *siempre* trae rosquillas[2].

Noventa minutos después de que se suponía que estuviera en el trabajo, atravesé la puerta con paso seguro y una caja rosa sostenida frente a mí como una ofrenda. Puse las rosquillas en el mostrador y sin decir palabra comencé a trabajar.

Nadie se quejó.

¿No es esa una manera fácil y bondadosa de afrontar un asunto como la tardanza? Los trabajadores de chatarrerías no tenemos que hacer nada elaborado para reparar el problema de llegar tarde... pero tenemos que hacer *algo.* Incluso, algo tan insignificante como una rosquilla podría convertirse, en la economía de la chatarrería, en la moneda del arrepentimiento.

RESCATADOS DE LA ESCRITURA

Así es que opera la economía de Dios también. En el Antiguo Testamento, si alguien era demasiado pobre para sacrificar un cordero o un becerro, tenían que sacrificar dos tórtolas[3]. Sin embargo, rico o pobre, Dios siempre perdonaba, una y otra vez. Dios proveía un acceso que no dependía del estatus social ni económico, sino de la voluntad.

---

2 Un tipo no se presentó a trabajar durante dos días. Supusimos que se había ido de la ciudad o que lo habían arrestado. Sin embargo, luego se apareció (de manera bíblica, al tercer día), trayendo cuatro docenas de rosquillas, lo suficiente para todo el equipo y muchas de sobra para los clientes. Esto le salvó el empleo.

3 A menudo, las palomas y las tórtolas se usan indistintamente en la Biblia, pero las palomas se mencionan con mayor frecuencia. Imagínate si el Espíritu Santo hubiera descendido sobre Jesús como... una tórtola.

Como alguien que trabaja para Jesús, llego crónicamente tarde al trabajo... y *siempre* estoy trayendo rosquillas. O al menos debería hacerlo. Lo que significa que cada vez que me presento a trabajar, Dios está listo para darme mi lista de tareas para el día. Yo traigo mi pequeño «sacrificio» para suavizar las cosas. Podría ser casi cualquier cosa, desde un espíritu humilde hasta una oración de confesión, o dedicar el tiempo para una conversación. (El Salmo 51 y Oseas 6 son buenos puntos de partida para considerar cuál puede ser el equivalente de las rosquillas).

A Dios no le interesa cuándo nos ponemos a trabajar con exactitud, siempre y cuando nos despertemos por fin[4]. Él quiere que nos pongamos a trabajar amando a los demás y construyendo su Reino, comenzando ahora mismo.

Nosotros operamos en un plano diferente al de Dios. Somos humanos, y cuando interactuamos con otros humanos, amamos, gritamos, perdonamos, ignoramos, nos resentimos y (con suerte) olvidamos. No lo podemos prever, pero al menos las rosquillas ayudan a endulzar nuestras diferencias.

LECCIONES DE LA CHATARRERÍA

Cada vez que me presento a trabajar, Dios está listo para darme mi lista de tareas para el día.

A Dios no le interesa cuándo nos ponemos a trabajar con exactitud, siempre y cuando nos despertemos por fin.

No lo podemos prever, pero al menos las rosquillas ayudan a endulzar nuestras diferencias.

---

[4] Por cierto, Jesús contó una parábola acerca de esto, y puede ser la historia bíblica que más les moleste a los empresarios. Léela en Mateo 20, y mira a ver qué te parece.

5

EL NEGOCIADOR

Destrozar una radio puede ser una gran manera de hacerte de una reputación como determinado negociador, sobre todo si es tu propia radio.

Un día, mi tío George estaba a cargo del mostrador del frente de la chatarrería de mi papá cuando entró un cliente buscando una radio. Que conste, no una radio cualquiera, aunque hubiera podido poner diferentes radios en su Chevy Corvair de 1960.

No, el cliente *tenía* que tener la radio original de Corvair y, desde luego, lo quería a un precio bajo. Nuestro hombre de la línea directa ya había llamado para averiguar qué depósitos tenían una radio de ese tipo, y resultó que solo había un depósito dentro de ciento sesenta kilómetros que tenía lo que necesitaba el cliente: nosotros.

Desde el final del mostrador observé cómo el tío George regresaba a la caja registradora y ponía la radio frente al cliente.

—Aquí tiene, esta es la única en el área —dijo y se detuvo—. Son veinticinco dólares.

El cliente abrió los ojos.

—¿Veinticinco? ¿Está usted loco? ¡Doce me parece mejor!

—Veinticinco —respondió el tío George encogiéndose de hombros.

El cliente nos necesitaba a nosotros más que nosotros a él, y mi tío lo sabía. Esto iba a ser divertido.

El cliente golpeó el mostrador con las manos y suspiró.

—Oh, por favor, George, sabes bien que no vale más de quince. Sé razonable. Puede que tengas la única, pero eso no hace que valga veinticinco dólares.

Aquí fue donde el cliente se equivocó. Sabía que la radio era singular, y sabía que le costaría más que una radio promedio, pero no estaba dispuesto a reconocerlo. Así que comenzó a negociar con un precio ridículamente bajo, solo para aumentarlo unos cuantos pesos. Ambas ofertas eran un insulto.

Aunque yo solo tenía unos diez años, conocía bien a mi tío; lo suficiente como para comprenderle la mirada. Esperaba que el cliente se diera cuenta de que esta no era una sesión de negociación, puesto que no tenía ventaja alguna. Quizá si hubiera dicho veinte dólares, la conversación hubiera sido más civil. En cambio, si iba a continuar tentando la suerte, terminaría tentando al tío George a ponerse de mal humor.

Mi tío le dijo al cliente con una voz *extremadamente* calmada que el precio era veinticinco dólares. El cliente se irritó en gran manera. Se incomodó, se quejó y suplicó un mejor precio. Todo el tiempo, la candela debajo del tío George estaba ajustada para hervir a fuego lento. El cliente no lo sabía, pero yo sí. Por fin, mi tío le dio un ultimátum.

—Mira, *amigo*, te lo diré una vez más. El precio es veinticinco dólares. Lo tomas o lo dejas.

El cliente puso los ojos en blanco y extendió los brazos hacia arriba de forma dramática.

—Pero es que no lo vale, George, y tú...

En un pestañar, el tío George buscó una mandarria debajo del mostrador y golpeó con ella la radio con toda su fuerza.

¡Crac! Botones, condensadores electrolíticos, tubos, cables, trozos de metal... todos los pedazos de la radio destrozada volaron en todas direcciones.

El tío George miró al cliente a los ojos y le preguntó muy calmado:

—Ahora, ¿cuánto pagarás por la radio?

Y con la misma, el cliente se dio la vuelta y salió por la puerta. Todos pudimos oírle rezongar mientras se marchaba acerca de lo loco que era el tío George. Y yo sospecho que tenía razón.

En ese momento, la decisión del tío George hubiera parecido irracional y hasta absurda. Irritó a un cliente *y* destruyó algo de valor. Entretenido, sí, pero no una buena decisión para el negocio.

Años más tarde, lo entendí: El tío George conocía que la reputación de la chatarrería, y la suya propia, valían más. Destruir esa radio era prueba de que no le tenía miedo a perder. Sabía que la historia se difundiría por todas partes, y por cada persona que decidiría no comprar una pieza de «la chatarrería de ese loco», había otras nueve que (en su mayoría de manera inconsciente) pagarían los precios más altos. ¡Mejor pagar un poco más que arrastrar una negociación y ver destruida tu preciada pieza!

RESCATADOS DE LA ESCRITURA

¿Una decisión impetuosa que causa dolor a corto plazo pero que construye una reputación a largo plazo como alguien a tener en cuenta? De seguro que esto describe al apóstol Pedro. Hay muchos ejemplos de dónde escoger, pero piensa en la vez cuando los discípulos cruzaron el mar de Galilea durante una tormenta. Ven a Jesús caminando sobre el agua y todos, menos Pedro, tienen la misma reacción: miedo.

Podemos estar tan acostumbrados al ritmo del lenguaje bíblico que nos olvidamos la historia humana que contiene algunas frases comunes. «Quedaron aterrados», leemos en Mateo 14:26. «¡Es un fantasma! —gritaron de miedo». En otras palabras, o bien estaban gritando, maldiciendo o tratando de esconderse debajo de las redes de pescar. Fue un momento de terror total.

Si alguna vez has aterrorizado sin querer a un miembro de tu familia en medio de la noche, comprenderás lo que Jesús hace a continuación. De inmediato, les dice que se calmen. Es Él, no un fantasma. No deben tener miedo.

La historia de Mateo no nos dice cómo reaccionaron los demás discípulos a esa declaración de Jesús, pero sí sabemos lo que hizo Pedro. Le contesta a Jesús y le dice que lo pruebe. Puedo imaginarme al Señor sonreír. Claro que con todo gusto lo probará, pero la prueba que Pedro quiere ver, poder caminar sobre el agua y en medio de una tormenta, necesitará *chutzpah**. Sin embargo, necesitamos darle crédito a Pedro. Sale del barco, pone los pies sobre el agua y camina hacia Jesús.

Es posible que recuerdes lo que sucedió después. Pedro es humano. Como tú y como yo. Mira a su alrededor y quita los ojos de Jesús. Entonces, se da cuenta de que ya no tiene la seguridad relativa del barco, y solo está tratando de mantener el equilibrio sobre una superficie espumosa de elevadas olas. Comienza a hundirse.

Para su beneficio, en seguida hace lo único que lo puede salvar: le grita a Jesús que lo ayude.

Al regresar al barco, la tormenta se disipa. El Evangelio de Mateo dice que los discípulos quedaron maravillados y con alegría declaran que ahora sí están muy convencidos de que Jesús es Dios.

Sin embargo, me apuesto a que más tarde, después de llegar a la orilla, le expresaron a Pedro ciertos temores. «Hombre, no puedo creer que saltaras del barco. ¿En qué estabas *pensando*?».

---

* **Nota de la traductora:** *Chutzpah* es una palabra en yiddish que se deriva del término hebreo *ḥutspâ*, que significa «atrevimiento» o «audacia».

¿Pagarías tú veinticinco dólares por tener la reputación de alguien a quien nadie puede engañar en una negociación? ¿Caminarías sobre el agua, o te ahogarías en el intento, para probar un punto?

A los gurús de administración les encanta la ficción de que las negociaciones sanas siempre traen ganancia para todos. Eso es falso. La *mayoría* de las veces puedes lograr que ganen todos, pero en ocasiones eso no es posible. Cuando te encuentras en esa situación, es bueno tener una reputación de alguien que no tiene miedo, que se atreverá a cualquier cosa.

A veces solo tienes que destruir una radio.

A veces solo tienes que salir del barco.

LECCIONES DE LA CHATARRERÍA

La mayoría de las veces puedes lograr que ganen todos, pero es bueno tener una reputación de alguien que no tiene miedo, que se atreverá a cualquier cosa.

A veces solo tienes que destruir una radio.

6

EL PASEO EN EL ROLLS-ROYCE

En última instancia, a los líderes se les juzga por sus acciones, que Jesús enseña que fluyen del corazón.

Frankenstein se hubiera sentido orgulloso de algunas de las cosas que salieron de la chatarrería de mi padre.

Al igual que la camioneta Ford pintada de verde lima, con una gran rana de plástico atornillada en el techo, esa con la que el pequeño Bob participó en el *derby* de demolición. O el hombre que compró el motor de un Jaguar para poner en su Buick.

Pronto aprendí a no juzgar las cosas de la chatarrería por su apariencia, ni juzgar a la gente de la chatarrería de la misma forma.

Con las cosas, fue bastante fácil. Las láminas sucias de las puertas en realidad eran aluminio caro, perfectos para reciclar. Los catalíticos cubiertos con el polvo de la carretera estaban llenos de metales preciosos como el platino. Hasta los neumáticos lisos eran valiosos para alguien, juzgando por la cantidad que robaban cuando las poníamos al frente.

No juzgar a la gente fue un poco más difícil.

¿El cliente estrafalario que manejaba un viejo Studebaker lleno de cajas de pizza? En realidad, era un conocido científico espacial que trabajaba para la planta de General Electric en la otra cuadra. ¿Y el asiático que casi no hablaba inglés y le faltaba un brazo? Era un héroe para los miles de refugiados vietnamitas que se establecieron en el área.

Así que, aunque me sintiera tentado a juzgarlos por las apariencias, tuve que aprender que era más sabio juzgar menos y observar más.

Me recuerda mis tiempos de escuela primaria cuando mi mejor amigo, Greg, y yo regresamos a casa en un Rolls-Royce.

Por supuesto, hacía unos días que veníamos fanfarroneando y nadie nos creía, hasta el día en el que mi mamá llegó al volante de un Rolls Royce largo y plateado. Los otros chicos se comieron el auto con los ojos. Las elegantes líneas del guardabarros, que brillaban con suavidad por encima de las ruedas traseras. El capó, largo y distinguido. El bello adorno de la mujer volando.

Abrí la pesada y perfectamente construida puerta, y entré al amplio asiento trasero. Greg me siguió, saludando a nuestros compañeros, que se habían quedado sin aliento mientras nos marchábamos.

Solo había un problema: Nuestro Rolls-Royce funcionaba con un motor de Chevrolet sacado de la chatarrería.

Sabiendo que el auto valía más en piezas que en su totalidad, mi papá hizo un negocio con el importador local para sacarle el caro motor del Rolls-Royce y sustituirlo con un motor Chevy menos caro. Toda la elegancia y el estilo del Rolls, ¡pero *considerablemente* más barato!

En casi todos los casos, nuestra tendencia es a mirar la superficie de las cosas y juzgar de inmediato. Y solo tenemos la suficiente razón para ratificar esta práctica como una forma fácil de navegar por la vida. Sin embargo, a menudo es una trampa. Cuando somos demasiado vagos para mirar con más profundidad, nos podemos perder lo que sucede en realidad.

A nadie le molesta que un Rolls-Royce funcione con un motor más barato, pero cuando se trata de la gente, es diferente. Como líderes, y como seguidores, debemos mirar debajo del capó y aprender lo que de veras hace funcionar a la gente a nuestro alrededor.

RESCATADOS DE LA ESCRITURA

En realidad, la Escritura tiene mucho que decir acerca de motores Chevy dentro de carrocerías Rolls-Royce. Así como el motor es el corazón del automóvil, y cuando aceleras quien responde es el motor, no la carrocería, el corazón humano es la fuente de nuestro carácter y nuestras acciones.

¿Recuerdas cuando Samuel recibe la tarea de elegir al próximo rey de Israel, y supone que cualquiera que fuera el mayor y más fuerte de los hijos de Isaí sería el escogido de Dios? En 1 Samuel 16:7 se registra el momento en el que Samuel se da cuenta de que los parámetros de la búsqueda son divinos, no humanos. «Pero el SEÑOR le dijo a Samuel: "No te dejes impresionar por su apariencia ni por su estatura, pues yo lo he rechazado. La gente se fija en las apariencias, pero yo me fijo en el corazón"».

En el Nuevo Testamento, Jesús nos dice que «ningún árbol bueno da fruto malo; tampoco da buen fruto el árbol malo. A cada árbol se le reconoce por su propio fruto. No se recogen higos de los espinos ni se cosechan uvas de las zarzas» (Lucas 6:43-44). En otra ocasión, Jesús advierte: «Cuídense de los falsos profetas. Vienen a ustedes disfrazados de ovejas, pero por dentro son lobos feroces» (Mateo 7:15).

Los humanos estamos obsesionados con la superficie y la apariencia. Siempre lo hemos estado y siempre lo estaremos. Los líderes piadosos, en cambio, deben luchar contra esa tendencia. Como en el caso del hermoso Rolls-Royce con un motor Chevy, debemos mirar para ver lo que hay debajo del capó.

Jesús lo hace más explícito en Lucas 6:45: «El que es bueno, de la bondad que atesora en el corazón produce el bien; pero el que es malo, de su maldad produce el mal, porque de lo que abunda en el corazón habla la boca».

La combinación de mi padre de Rolls-Royce y Chevy fue divertida. El hecho de que fui del colegio a casa cómodamente no trajo consecuencias dañinas. Sin embargo, cuando hablamos de liderazgo, muchos somos como carrocerías de Rolls-Royce impulsadas por un motor Chevrolet. Cuando nuestro corazón está equivocado, nuestro liderazgo siempre se dañará.

LECCIONES DE LA CHATARRERÍA

Cuando somos demasiado vagos para mirar con más profundidad, nos podemos perder lo que sucede en realidad.

Como líderes, y como seguidores, debemos mirar debajo del capó y aprender lo que de veras hace funcionar a la gente a nuestro alrededor.

Los humanos estamos obsesionados con la superficie y la apariencia. Siempre lo hemos estado y siempre lo estaremos. Los líderes piadosos, en cambio, deben luchar contra esa tendencia.

Cuando nuestro corazón está equivocado, nuestro liderazgo siempre se dañará.

7
HABITACIONES LLENAS DE HUMO

La mejor información es la más difícil de obtener, pero vale la pena.

La habitación llena de humo. Una camarilla de personas influyentes reunida alrededor de una mesa en un rincón oscuro del edificio, fumando cigarros e intercambiando bromas obscenas mientras deciden en secreto el destino de un candidato.

Quizá esa descripción cliché no siempre describa la realidad como lo hacía en días de antaño, pero toda empresa tiene una habitación llena de humo, al menos en forma metafórica. Es el lugar donde se intercambia la mejor información. En algunas organizaciones, puede ser algo tan oficial como el salón de conferencias y, en otras, tan informal como el campo de golf o la mesa de la esquina en un café. Pero que no haya duda: Toda organización la tiene.

Nuestra chatarrería tenía una habitación *literal* llena de humo... que resultó ser nuestra habitación metafórica llena de humo también.

Como en toda chatarrería, teníamos lo que se llamaba «el cuarto caliente»: una oficina pequeña, lo bastante grande para una silla y un escritorio barato. (Así fue que llegaron los insultos por las ratas del capítulo 3, donde buscamos la radio para el

Corvair del capítulo 5, etc.). Mi padre seleccionaba a alguien (casi siempre al más listo y dinámico de todos los empleados, y le pagaba a comisión), a fin de que se sentara allí todo el día, fumando y gritando en una variedad confusa de teléfonos. El escritorio estaba cubierto de teléfonos conectados en grupo a otras chatarrerías cerca y lejos. Cada una de las líneas directas estaba puesta en altavoz, lo cual significaba que la persona sentada al escritorio tenía acceso instantáneo a una red inmensa de información automotriz. Un teléfono sería para un tipo de auto, por ejemplo, mientras que el otro sería para chatarrerías a diez minutos de distancia.

Si un cliente llegaba y pedía en el mostrador el guardabarros derecho para un Mustang de 1965 y no lo teníamos, entrábamos a la línea directa y preguntábamos. Cada depósito que tuviera uno se metía en la conversación, junto con el precio que quería. A veces parecía una guerra de precios. Por su parte, el individuo en el cuarto caliente, escuchaba a otros depósitos pedir piezas que buscaban sus clientes, y respondía si la teníamos.

Tener la mejor información significaba triunfar como negocio. La información nos permitía mover el inventario, mantener nuestros clientes y, en ocasiones, ser más listos que otras chatarrerías. Sin el cuarto caliente, muchos clientes que buscaban piezas específicas hubieran regresado a casa desilusionados... y quizá nunca volverían.

Como líder, mi padre sabía que el dinero bien invertido estaba siempre en el cuarto caliente. Cualquiera que trabajara esas líneas directas producía las mejores oportunidades para el negocio porque tenía acceso a la mejor información y red. Con esto no aprendí tanto acerca de la administración como del éxito. Busca la manera de entrar en esa habitación llena de humo. Hasta en una chatarrería, la clave del éxito está en la combinación del acceso a la información y el acceso a la gente. Sí, era necesario la inteligencia y el trabajo arduo. No obstante, sin el acceso a ese cuarto caliente, la inteligencia y el trabajo arduo tenían sus límites.

Las cosas no han cambiado mucho. En casi todas las empresas y organizaciones hoy, el éxito y el fracaso a menudo dependen del acceso a la gente y a la información.

RESCATADOS DE LA ESCRITURA

Jesús dijo muchas cosas que nos molestan, contando que tomamos literalmente sus palabras y no las tomemos en su sentido espiritual. Si tu enemigo te quita la camisa, dale tu chaqueta también. Es más fácil que pase un camello por el ojo de una aguja que un rico entre al reino de los cielos. Dichosos los que lloran. Ama a tus enemigos[1].

O toma Mateo 10:16: «Los envío como ovejas en medio de lobos. Por tanto, sean astutos como serpientes y sencillos como palomas».

Los operadores de la línea directa sabían esto. Eran negociantes increíblemente astutos... pero aun así dependían de las relaciones personales y hasta de amistades. En términos generales, la mayoría de nosotros pudiéramos aprender a operar de la misma manera en nuestros negocios y organizaciones. De manera más sutil, casi todos pudiéramos esforzarnos un poco más para buscar la historia que no se ha contado.

Si crees que has recopilado por ti mismo toda la información que necesitas, puedo decirte con seguridad que has perdido mucha información.

Si confías en que otros te informen de forma voluntaria de todo lo que necesitas saber, puedo asegurarte que en algún momento no estarás al día.

---

1 Lee Mateo 5:40, Lucas 18:25, Mateo 5:4, y Mateo 5:44, respectivamente. Y es probable que haya más, pero puedes encontrarlos por ti mismo.

No importa cuán inteligente seas, cuán bien conectado estés ni cuán «dispuesto» sea tu equipo, hay conversaciones andando que no conoces. Hay correos electrónicos enviados, miradas intercambiadas, ideas consideradas, cosas que pasan fuera de lo que tu influencia pueda controlar. Siempre hay más información que podemos descubrir.

¿Te parece cínico de mi parte? No lo creo. Jesús dijo que enviaría a sus discípulos como ovejas en medio de lobos. Es un equilibrio difícil de lograr, pero vale la pena.

Tener acceso a la habitación llena de humo es una realidad cruda y problemática para los líderes seguidores de Cristo, pero aun así es una realidad.

LECCIONES DE LA CHATARRERÍA

El éxito y el fracaso a menudo dependen del acceso a la gente y a la información.

Si crees que has recopilado por ti mismo toda la información que necesitas, puedo decirte con seguridad que has perdido mucha información.

Si confías en que otros te informen de forma voluntaria de todo lo que necesitas saber, puedo asegurarte que en algún momento no estarás al día.

8

ES BUENO TENER AMIGOS EN POSICIONES BAJAS

A los líderes les encanta tener amigos en posiciones altas, pero los amigos en posiciones bajas pueden marcar toda la diferencia.

Todos hemos oído la expresión: «Es bueno tener amigos en posiciones altas». El depósito de chatarra pone ese axioma al revés. En realidad, es bueno tener amigos en posiciones bajas. Sin embargo, nota que con esto no igualo las *bajas* con vulgares o sin importancia.

Casi todas las personas a las que me refiero son decentes y buenas, y tan importantes como las demás. Cuando digo «bajas», me refiero a su posición en el organigrama de la empresa, o su poder relativo en la sociedad. No muchos presidentes de bancos, autores de superventas o pastores de megaiglesias andan por las chatarrerías o archivan documentos en la oficina de registro de automóviles. Por supuesto, el estar en una posición baja tampoco te convierte de forma automática en una persona decente. Algunos son deplorables, al igual que algunos en posiciones altas. No obstante, de seguro que es cierto que la mayoría de los líderes necesitan más amigos en lugares bajos que en lugares altos.

Esta verdad la experimenté cuando todavía estaba en primaria. Un día, caminaba por la avenida Curtner[1], ocupado en mis

---

1 Lo triste es que no iba en el Rolls Royce. La mayoría de las veces mi mamá me obligaba a caminar.

propias cosas. Yo era más alto de lo normal y, por lo general, a los otros chicos no les interesaba buscar peleas conmigo. Eso no me molestaba, puesto que por naturaleza no era combativo. Sin embargo, es *posible* que sí tuviera una boca que se adelantaba a mis acciones.

Cuando me enojaba, o solo quería molestar, podía usar palabras capaces de herir en lo profundo. Unos días antes, había irritado a algunos chicos en la escuela que eran mayores que yo en edad *y* significativamente en tamaño. Mala idea.

Me estaban esperando en la próxima intersección, tres contra uno. No tenía forma de correr con más rapidez que ellos, ni ganarle siquiera a uno en una pelea. Así que hice lo único que sabía hacer.

Los insulté.

Yyyyy... comenzó la lucha. Era una pelea entre chicos, sin armas ni nada muy atemorizante, pero aun así me empujaban bastante bien. Por cada magulladura que les daba, yo recibía dos o tres de vuelta. Después de varios minutos frenéticos, me quedé sin energía. Era hora de cubrirme la cabeza, agacharme, y tratar de evitar cuanto golpe pudiera antes de que se dieran por vencidos y me dejaran tranquilo. De seguro que escucharía después la historia en la escuela... y viendo cómo iban las cosas, mi madre me iba a regañar por la ropa rota también.

De pronto, el ensordecedor ruido del motor de una motocicleta se sintió a través de las burlas y los gruñidos. Todos miramos cuando la moto se detuvo de repente en el bordillo. Era una máquina bellísima, personalizada para el motorista, con una horquilla delantera larguísima y una bandera estadounidense pintada en el tanque del combustible. El motorista usaba una chaqueta de cuero, una barba sin podar y su cabello era rojo como las llamas. Le bajó el volumen al motor *justo* hasta el nivel de un avión despegando.

«Eh, Roy, ¿estás bien?».

Mi salvador no era otro sino «Dwayne el loco», uno de nuestros empleados más antiguos y amigo de la familia. A través de los años se había ganado cada pizca de su apodo. Y cuando por fin habló, uno de mis atacantes ya había salido corriendo.

Logré sonreír. «Creo que sí».

Él aceleró el motor, y los otros dos salieron volando como las hojas de un árbol.

«¡Gracias, Dwayne!».

Dwayne sonrió, y luego salió de nuevo hacia el tránsito con un fanfarrón derrape. Dwayne fue sensacional y se calló el incidente, y los otros chicos en la escuela me molestaron *mucho* menos después de correrse la voz y después que crecieran los rumores acerca de mi amigo.

Ahora, cuando salgo para reunirme con la más reciente persona en una posición «alta», no me preocupo si me machacan mucho por mi boca que se adelanta a mis acciones... pero si las cosas se agravan, todavía guardo el número de teléfono de Dwayne.

RESCATADOS DE LA ESCRITURA

Rajab vivía en Jericó. Nos dicen que era una prostituta, pero sería mejor pensar en ella como una «madama». En nuestra historia, ella tiene un nivel de poder y autonomía, aunque opera su negocio en una economía de mercado gris. (Puedes leer su historia en Josué 2 y 6).

Los israelitas se adelantaron al ejército para espiar la Tierra Prometida, y entraron en Jericó antes de la invasión, con la esperanza de evaluar la fortaleza de la ciudad. Terminan escondidos en el prostíbulo de Rajab.

Lo lamentable es que todos en el pueblo notan a los dos extraños. De inmediato, el rey le manda decir a Rajab que debe entregar a los espías. Sin embargo, ella le da largo al juego. Va y habla con los espías y les dice: «Miren, todos en el pueblo saben quién tiene las de ganar aquí. El Dios de ustedes ha destruido a todos los enemigos que se les han enfrentado, desde el faraón hasta los amorreos. Sabemos que Jericó está perdido, pero mi familia y yo no tenemos que perder... ¿verdad?».

Se llega en seguida a un acuerdo: Si ella ayuda a los espías a escapar de la ciudad, y no se equivoquen, los torturarían y asesinarían si no lo hace, los espías se asegurarían de que ella y su familia extendida estuvieran protegidos durante el próximo asedio. Ella es una enemiga extranjera. Una mujer. Una madama. Es probable que el único amigo más «bajo» del pueblo hubiera sido un niño. Sin embargo, ¿qué otras opciones tienen?

Esa noche, los espías israelitas bajan por la muralla de la ciudad asidos de una soga y llegan al campamento israelita. Se preparan para la batalla. Entonces, justo antes de que caigan las murallas de la ciudad de Jericó, Josué, el comandante del ejército israelita, les da las instrucciones finales a los guerreros: «Recuerden, deben dejar con vida a Rajab y a todos en su casa».

Después de la batalla, sacan sanos y salvos a Rajab y a toda su familia extendida de entre las ruinas de Jericó, pero es en parte por Rajab que los israelitas ganaron la batalla ante todo. Ahora bien, ¡por *eso* necesitas amigos en posiciones bajas!

LECCIONES DE LA CHATARRERÍA

La mayoría de los líderes necesitan más amigos en lugares bajos que en lugares altos.

Recuerda a Rajab.

Necesitas amigos en posiciones bajas[2].

---

2 Elizabeth Symm, mi maravillosa editora, escribió este comentario en este punto: «Esto hace que recuerde la red de desamparados de Sherlock Holmes, lo cual me parce brillante. Brillante, sí. Ahora yo me siento como Watson por no haber pensado en esto antes.

9

IMPORTACIÓN Y EXPORTACIÓN

El liderazgo nunca es un concurso de popularidad.

A los diecisiete años, mi padre me puso a trabajar en el mostrador del frente. El trabajo afuera, sacar piezas y mover el inventario por el depósito, era un privilegio reservado para los drogadictos, los motociclistas «Ángeles del Infierno», los indocumentados y los bandidos en general que mi papá no quería que tuvieran contacto con los clientes[1]. Y yo no sabía lo suficiente, ni fumaba lo suficiente, para operar la línea directa. Así que mi trabajo se limitaba al servicio común al cliente, excepto por una cantidad mayor de grasa y profanidad.

Un día, un hombre se me acercó buscando una pieza pequeña.

«Trabajo en importaciones», dijo mientras conversábamos. «Por lo general, cosas de Taiwán».

Me dejó preguntándome qué importaba con exactitud. ¿Electrodomésticos? ¿Gafas de sol de imitación? ¿Algo ilegal? Nunca me lo dijo y, en realidad, no me importaba, porque fuera lo que fuera, el tipo era *estupendo*. Era independiente, dueño de su propio

---

1 Está bien, no *todos* eran así. La mayoría era gente buena y trabajadora. Sin embargo, ¿quién quiere leer algo así en un libro acerca de una chatarrería?

negocio, viajaba... vivía la vida que yo solo podía soñar; y se tomó el tiempo de hablar con un chico de diecisiete años como yo.

Cada vez que venía, conversábamos acerca de los autos, o intercambiábamos chistes de color. Me contaba historias acerca del negocio de importaciones, y yo trataba de inventar algo de qué alardear. Y con cada historia, me veía procurando agradarle cada vez más a este hombre.

Un día, lo vi llegar deprimido. «Roy, hombre, uno de mis colegas me engañó. Sabes, se robó un palé lleno de mercancía y se desapareció, la tasa de intercambio me está *matando* ahora, y esto no sería tan malo si uno de mis clientes no se hubiera retrasado seis semanas en pagarme».

Yo moví la cabeza de manera compasiva[2]. Quizá ser importador de Taiwán no fuera tan fácil como pensaba.

Él se inclinó hacia el mostrador y bajó la voz. «Roy, escucha... ¿puedes darme crédito en esta transmisión de que estoy hablando, solo esta vez?».

Nosotros *nunca* extendíamos crédito, y él lo sabía. Por eso me dijo en seguida que podíamos confiar que pagaría; solo necesitaba más tiempo. Estaba trabajando en nuevos asuntos y estaba a punto de recibir el pago.

No tuve que pensarlo mucho. Era un hombre honorable que había tenido un poco de mala suerte. Si yo estuviera en su lugar, querría un favor también.

Accedí. Y nunca más lo volví a ver.

Cuando mi papá se enteró, sacó la conversación de camino a casa. Ese viaje siempre era el momento cuando podíamos conversar, aunque siempre estábamos tan cansados que no hablábamos mucho.

Papá me preguntó por qué había quebrantado las reglas y había extendido el crédito, y como ya me sentía herido (y a la defensiva), tenía una respuesta.

---

2 Y sin entender, para ser sincero. Después, eso se volvió en mi contra.

—Bien, es buena práctica mantener contento al cliente, ¿no?

Papá no dijo mucho, pero me pude dar cuenta de que no estaba muy de acuerdo con mi valoración.

—Sin embargo, lo único que quería era ayudarlo —protesté.

—Roy, no creo que esto tenga que ver con tú querer ser una *buena persona.* Creo que querías ser un *amigo popular.*

Mi papá era lo bastante sabio como para conducir por un rato más, y me dio espacio para darme cuenta de que él tenía razón. Me había engañado a mí mismo. No es que quería hacer lo adecuado, solo quería agradarle a una persona mayor y más agradable.

Papá me dejó mirar por la ventanilla mientras decía otra cosa:

—Recuerda, Roy, este no es un concurso de popularidad. No tiene nada de malo hacer amistad con los clientes o los empleados. No tiene nada de malo confiar en alguien. Aun así, no debes dejarte llevar por tu deseo de ser popular. Eso te traerá problemas. A la larga, tendrás que tomar decisiones con ciertas personas, y si tu deseo de caer bien impulsa esas decisiones, solo te causarás muchos problemas... y no harás nada por ayudar a los que te rodean.

Mi papá nunca me regañó por el dinero. Sabía que lo importante era la gran lección. Fue la primera vez que entendí que una motivación egoísta podría hacerle daño a otro. No solo fui yo el que se enfureció por querer agradar: todos en la chatarrería. Sí, habíamos perdido el dinero, pero también la confianza. Nos habían engañado, y quién sabe hasta dónde llegaría la historia.

Desde esa tarde, la sabiduría de mi padre se hizo ver una y otra vez. Buscar la popularidad es la mejor manera de terminar siendo la persona menos popular. Y hacer lo adecuado a veces no te traerá popularidad. Ya sea en tu negocio, tu ministerio, tu familia o tus amistades, en ocasiones tendrás que ofender a alguien si quieres hacer lo debido.

RESCATADOS DE LA ESCRITURA

Eliminar la tentación de la popularidad de nuestra toma de decisiones es difícil, pero esencial. Me hace pensar de cuando Jesús limpió el templo en Jerusalén. Así lo llama nuestra Biblia, pero lo cierto es que fue algo mucho más desagradable. No fue tanto que Él limpiara las cosas como que las sacudiera. El patio estaba lleno de comerciantes que vendían de todo, desde vacas hasta palomas. Se *suponía* que allí los judíos podían comprar el sacrificio religioso, excepto que la ambición se atravesó por el medio. La adoración había dado lugar a la ganancia. Incluso los tipos que vendían palomas, que se suponía que eran un sacrificio casi gratuito que hasta los judíos más pobres podían permitirse, como hablamos en el capítulo de las rosquillas, habían subido los precios. Toda la iniciativa se había desviado al arte de vender y a la explotación, y Jesús estaba cansado. Se remangó y se convirtió en una bola de demolición santa: por todas partes había mesas volteadas, vendedores fustigados, jaulas abiertas y monedas regadas por el piso del atrio.

Cuando por fin terminó, no solo eran los mercaderes los que estaban furiosos. Todo el establecimiento religioso exigía una respuesta. Si quieres una comparación más moderna, piensa en alguien que entra a un piso de exhibición ocupado, y comience a destruir y denunciar todo lo que ve.

Sin embargo, fíjate en lo que sucede después en la versión de Mateo de la historia: Cuando los vendedores se fueron, por fin hubo espacio en el atrio del templo para los ciegos y paralíticos, a quienes Jesús comienza a sanar. Y para los niños, que ahora le rodean gritando alabanzas.

Entonces es cuando la cara de los sacerdotes se amorata de rabia. Ese Jesús es *indignante*, dicen. Destruyó negocios legítimos y provocó el caos en el lugar más santo del país.

¿Sabes una cosa? ¡Lo más probable es que tuvieran razón! Jesús, en cambio, sabía algo que desconocían los líderes religiosos: Él acercaba a la gente a su Reino *a través* de la perturbación.

Y le importaba un bledo la popularidad.

Yo no soy Jesús. Tú no eres Jesús. No podemos hacer de la impopularidad la *medida* de nuestras acciones. Algunas no son populares porque son estúpidas, egoístas o inoportunas. Los líderes piadosos no pueden actuar como patanes solo por diversión.

Sin embargo, el tiempo le llega a todo líder cuando tomar una decisión adecuada significa ponerse en el lado opuesto de la popularidad.

Hay cosas que nunca se olvidan. Si eres un joven empleado en una chatarrería, siempre recordarás el olor del tanque de solvente Safety-Kleen. Así son también las lecciones de liderazgo. Nunca se me olvidará ese momento en el que me di cuenta de que mi «amigo» me usó, y lo permití porque quería agradarle.

La buena noticia es que si *quieres* ser popular, lo único que tienes que hacer es nunca tratar de hacer algo importante.

LECCIONES DE LA CHATARRERÍA

No tiene nada de malo confiar en alguien. Aun así, no debes dejarte llevar por tu deseo de ser popular.

Ya sea en tu negocio, tu ministerio, tu familia o tus amistades, en ocasiones tendrás que ofender a alguien si quieres hacer lo debido.

Jesús acercaba a la gente a su Reino a través de la perturbación.

SEGUNDA SECCIÓN

ESTÁ BIEN, QUIZÁ NO APRENDIERA TODO LO QUE NECESITABA SABER SOBRE EL LIDERAZGO EN LA CHATARRERÍA.

10

LA PREGUNTA PARA EL CAPITÁN SATÉLITE

Los mejores líderes hacen las mejores preguntas en los mejores momentos.

En la década de los sesenta, había un programa en el canal KTVU-2 en Oakland llamado *El Capitán Satélite*. Bob March interpretaba el presentador epónimo, vestido con un casco y un uniforme con un rayo en el pecho. Claro, era muy ridículo como todo lo demás, pero seguía siendo un programa de televisión que no se perdían los niños menores de diez años, incluido yo.

Los Estados Unidos y la Unión Soviética estaban inmersos en la Guerra Fría, gran parte de la cual se disputaba en el espacio exterior. Años antes, el satélite soviético Sputnik sorprendió a nuestra nación, y ahora el desafío de poner a un hombre en la luna cobraba gran importancia en la imaginación de la gente. Casi todos los estadounidenses querían ver que sucediera antes de que terminaran los años sesenta, y se pusieron en marcha recursos masivos (tecnología, militar, gobierno, ingeniería). Los niños en toda la nación aprendían acerca de los cohetes, el refresco Tang y la gravedad. Un resultado obvio fue un entusiasmo generalizado acerca de los vuelos espaciales, algo que aprovechó el *Capitán Satélite*.

Así que, cuando abrí la carta dirigida a *mí* del Capitán Satélite, me entusiasmé al máximo. Una de mis hermanas mandó una solicitud en mi nombre, y me seleccionaron para aparecer en el programa de televisión. El día de la grabación llegó pronto, y mi mamá me llevó al estudio en Oakland. Cuando entré a la filmación, mis ojos se abrieron de asombro: el *Starfinder II* parecía una nave espacial de verdad y no solo un accesorio de producción barato. Y cuando el Capitán Satélite encendió el generador principal para poder despegar, casi podía convencerme de que estábamos volando. Bueno, no del todo, porque todavía podía ver a mi madre en la audiencia y a los camarógrafos trabajando en el estudio, ¡pero yo quería creerlo!

En algún momento durante la transmisión, el Capitán Satélite nos dijo que cada uno tendría la oportunidad de hacerle una pregunta. ¡Ese era mi momento! No solo tendría la oportunidad de hacerle una pregunta genial al Capitán Satélite, y con suerte parecer listo y cómico en televisión, sino que recibiría un regalo por participar. Con anterioridad, vi que en el programa entregaron muy buenos premios, y ya me imaginaba cuál recibiría. Quizá...

Mis pensamientos se desvanecieron. De pronto, me di cuenta de que el Capitán Satélite me estaba mirando fijo. También mi compañero de al lado. Traté de tragar, pero la boca la tenía seca. Una pregunta, una pregunta, necesitaba hacer una pregunta. El corazón me latía en los oídos.

¡Demasiado tarde! La sonrisa del presentador vaciló unos milímetros y se dirigió a mi compañero, quien preguntó de inmediato: «¿Qué tan lejos está la luna, Capitán Satélite?».

Me quedé asombrado. Era la pregunta más *tonta* que podía hacer. No había un niño en todo el país que no tuviera la distancia memorizada.

Yo murmuré la respuesta junto con el Capitán Satélite: «384 472 kilómetros». Quizá tuviera la oportunidad de hacer otra pregunta e impresionara a todos. Quizá... no. Demasiado tarde. El tema musical comenzó a sonar, la audiencia aplaudió, ¡yyyyy *corten!* Terminó el programa.

Minutos más tarde, los chicos nos alineamos para conseguir un recuerdo: La firma del Capitán Satélite en un mapa del sistema solar. El chico delante de mí fue el que hizo la pregunta tonta, y el Capitán Satélite le dio un globo pequeño de la luna. Casi que comienzo a babear. Ahora tenía una última oportunidad para recuperarme de mi fracaso. Me paré frente a la mesa. «Capitán Satélite», pregunté, «¿cree usted que de verdad lleguemos a la luna antes de que termine la década, o el reto es demasiado grande?».

Esa sí que es una buenísima pregunta, pensé yo. Entonces, me permití mostrar una ligera sonrisa.

Sin embargo, el capitán ni me miró mientras desplegaba su firma a través del sistema solar. «¡Claro que sí!», contestó de manera monótona y aburrida. «Hay mucha gente inteligente procurándolo».

Eso fue todo. No me dio una respuesta detallada. No me dio un globo de la luna. Ni siquiera hizo contacto visual conmigo. Dos minutos más tarde, me tiré en el asiento trasero del auto de mi mamá, y nos fuimos a casa.

Mi pregunta *era* buena, pero no tuve la oportunidad de hacerla en el contexto apropiado. Como líderes, no podemos darnos el lujo de presumir saberlo todo, así que necesitamos hacer las preguntas adecuadas. Sin embargo, quizá sea más importante hacerlas en el momento oportuno. Saber cuándo preguntar, a menudo mucho antes de cuando necesitamos la respuesta, es fundamental.

A veces nos sobrecogen los nervios y no hacemos la pregunta debida, como me sucedió en ese estudio de televisión que parecía una nave espacial. Mi mayor error fue no tenerla preparada con antelación. Eso fue un error. Sí, un error cometido por un niño en la televisión en vivo, pero un error de todas formas.

Hacer buenas preguntas es una destreza que se aprende. Todos podemos ser mejores en eso. Una manera simple de mejorar es pensar de forma estratégica cuándo preguntar y cómo expresar la pregunta. Muy a menudo, hacemos las preguntas a la persona inadecuada, otras en el momento inapropiado. Y, por supuesto, es importante expresarla como es debido, a fin de que sea genuina, considerada, no intimidante, y se exprese en un tono constructivo.

¿Fracasaremos en nuestro intento de hacer buenas preguntas? Sin duda alguna. Para empezar, en cambio, es mucho peor no hacerlas.

RESCATADOS DE LA ESCRITURA

Me gusta ver cómo Moisés no teme hacerle preguntas a Dios en la zarza ardiente.

En Éxodo 3, leemos la historia de Moisés cuando está trabajando de pastor en medio del desierto. Un día, ve una zarza que arde, pero que no se consume, y va a investigar, solo para escuchar a Dios hablarle directamente desde el fuego. Moisés se asusta, pero a la larga se calma lo suficiente para escuchar. Dios le dice su plan: Para poder rescatar a su pueblo de Egipto, Dios va a enviar a Moisés para que hable con el faraón. Sin embargo, en vez de salir corriendo hacia el palacio, Moisés rompe su silencio temporal haciendo una serie de preguntas[1]:

¿Por qué me escogiste a mí para esta tarea?

¿Qué les diré a los israelitas si me preguntan tu nombre, Dios?

---

1 Hablando de todo un poco, no hace mucho estuve en Egipto y visité el monte Sinaí. Al pie de la montaña hay un monasterio, Santa Catalina, que se estableció hace casi mil quinientos años. Los monjes insisten que el arbusto grande en el patio es *la* zarza ardiente que vio Moisés. Vaya...

¿Y si no me escuchan, y si dicen que inventé todo esto de una zarza ardiente?

Entonces, a Moisés se le ocurrió algo, y se lo presenta a Dios. Es el mejor momento, ¿cierto? «También, Dios, resulta que no hablo muy bien en público, así que...

Después de todo este interrogatorio, Dios se enoja con Moisés y le dice que acepte el plan. No podemos dejar de admirar a Moisés por tener las agallas para preguntar. Y su «jefe» (Jefe sería más adecuado) fue lo bastante paciente durante esa larga conversación. Posiblemente no queramos tener esta historia como *modelo*, pero da qué pensar. El problema es que fastidiar mucho a Dios con preguntas genuinas, nos llevan con mucha facilidad a la dilación y hasta la desobediencia.

Al menos en parte, Moisés trataba de comprender el significado de seguir a Dios. Todas las preguntas que hizo, y que Dios contestó, le permitió ver un mejor cuadro de lo que se podía esperar de él. Si Moisés iba a ser líder de los israelitas, primero necesitaba hacer las preguntas adecuadas en el momento apropiado.

LECCIONES DE LA CHATARRERÍA

Saber cuándo preguntar, a menudo mucho antes de cuando necesitamos la respuesta, es fundamental.

Hacer buenas preguntas es una destreza que se aprende. Todos podemos ser mejores en eso.

11

NO APUESTES CON LAS RESPUESTAS

Los líderes no pueden darse el lujo de suponer que saben todos los resultados de sus acciones.

Hace muchos años, mis padres tenían una casa para vacacionar en South Lake Tahoe. Esto no quería decir que mi papá dejaba su tacañería en San José. Si alguna vez salíamos a cenar en esas vacaciones, era a uno de los bufés baratos de los casinos al otro lado de la frontera estatal en Nevada. Papá pensaba que el juego era una total pérdida de tiempo, y no tenía sentido empresarial alguno. Solo un idiota jugaría con las reglas de otros y no con las suyas propias. Sin embargo, ¡eso no era motivo para evitar la buena comida!

En unas vacaciones, cuando estaba en la escuela primaria, me encontraba en otra línea de bufé, preguntándome cuántas cucharadas de pudín de chocolate me permitiría poner en mi plato. Mi papá me tocó en el hombro para llamarme la atención.

«Roy», me dijo, mientras sacaba del bolsillo una moneda de cinco centavos, «déjame enseñarte una lección».

La máquina tragamonedas más cercana estaba a su alcance y no tenía que salirse de la cola. Echó la moneda, haló la manilla y me enseñó una lección que jamás olvidaré.

Los discos de la máquina giraron... bajaron la velocidad... pararon uno a uno... *¡ding ding ding!* Todos los que podían escuchar se viraron para ver. Papá se había llevado el premio gordo. Las monedas comenzaron a llenar la bandeja, haciendo tanto ruido que casi no podía oír la risa incrédula de mi madre.

Papá solo podía mirar, asombrado.

«¡Vaya, papá!», grité. «¡*Qué* lección! ¿Me la enseñas otra vez?»[1].

Al final, mi papá también se rio, pero un poco avergonzado. (No que la vergüenza evitara que pagara por la comida con un montón de monedas de cinco centavos). Ese premio inesperado se convirtió al instante en parte de la tradición familiar Goble. Hace poco mi madre, que ahora tiene 94 años, y yo nos reímos acerca de ese día. Con el correr de los años, muchas veces he reflexionado respecto a ese momento y, tal como fue la intención de mi papá, me enseñó una lección.

No, desde luego, el juego nunca paga. Como es obvio, ese día *pagó*. Tampoco fue la lección contraria (e indebida) de que vale la pena apostar. Le hice pasar un mal rato a mi padre, pero incluso como niño, sabía lo afortunado que fue, y que si volvíamos a poner cada una de esas monedas en la máquina tragamonedas, las perderíamos todas. La razón del axioma de «La casa siempre gana» es porque... la casa siempre gana.

La lección que aprendí fue acerca del liderazgo. No podemos controlar lo que no conocemos, pero a veces ni siquiera podemos controlar *lo que* conocemos.

Los abogados de litigios tienen una regla cuando interrogan a un testigo en el tribunal: Nunca hagas una pregunta si no sabes ya la respuesta. ¿Por qué? Porque las respuestas inesperadas pueden virar el juicio al revés. Los abogados inteligentes hacen sus preguntas en la declaración previa, lejos del juez y del jurado, y luego tratan de guiar al testigo hacia la conclusión que desean.

El método de mi papá de darme una enseñanza en la fila del bufé llevaba en sí un riesgo inherente. Apostó, literalmente, ¡que no ganaría la apuesta! A veces, cuando jugamos a las probabilidades, estas juegan con nosotros.

---

[1] ¿Qué puedo decir? Nací para ser listo.

RESCATADOS DE LA ESCRITURA

Santiago sabía muy bien lo que era jugar a las probabilidades, y que las probabilidades jugaran con él.

> Ahora escuchen esto, ustedes que dicen: «Hoy o mañana iremos a tal o cual ciudad, pasaremos allí un año, haremos negocios y ganaremos dinero». ¡Y eso que ni siquiera saben qué sucederá mañana! ¿Qué es su vida? Ustedes son como la niebla, que aparece por un momento y luego se desvanece. Más bien, debieran decir: «Si el Señor quiere, viviremos y haremos esto o aquello». Pero ahora se jactan en sus fanfarronerías. Toda esta jactancia es mala.
> SANTIAGO 4:13-16

Eso es seguro, ¿verdad? Podemos asentir con la cabeza y ser muy santurrones con ese versículo, ¡agregando «si el Señor quiere» a lo que ya planeamos hacer!

Sin embargo, piensa en la historia de la muerte de Esteban en Hechos 6—7. La joven iglesia comienza a crecer como la espuma, y uno de sus líderes más dotados se mete en problemas porque sus rivales celosos mienten acerca de él. Lo arrastran al tribunal para que se defienda, aunque las acusaciones eran falsas y, de pronto, el Espíritu de Dios lo toma. En vez de defenderse, comienza a *acusar* a los funcionarios que estaban reunidos allí; como si me acusaran de empujar a una anciana, y para defenderme, la golpeara en la cara una y otra vez.

Esteban termina enfureciendo a los funcionarios de tal forma que se tapan los oídos, lo hacen callar, lo arrastran fuera de la ciudad, y lo apedrean. (Una nota rápida: La muerte por apedreamiento no era muy buena. A una víctima de traumatismo contundente le toma suficiente tiempo morir, al punto de que puede permanecer consciente por un tiempo. Así le sucedió a Esteban, y aun así oró por quienes lo asesinaban. No sé tú, pero yo... no hubiera orado por ellos)[2].

En resumen, Esteban hace lo que cree que debe hacer, y lo hace extremadamente bien. Literalmente predica el mejor sermón de su vida, y nada menos frente a una audiencia hostil. ¿El resultado? Estaban muere, la iglesia se ve obligada a huir de inmediato y se esparce por todo el mundo conocido, y más allá. Esteban no sabía que esto iba a suceder, ni tampoco los discípulos. Aun así, es evidente que dio buenos resultados: La iglesia se esparció por todo el mundo conocido. Pero también eran tiempos de incertidumbre y temor, ya que las autoridades comenzaron a perseguir a la joven iglesia de manera agresiva.

Esta es una lección que debemos aprender bien. Creemos que podemos controlar las cosas. Como líderes, apostamos porque damos por sentado que podemos hacerlo. Sin embargo, manejar una situación, controlar el flujo de un empeño, es una ambición que en ocasiones puede ser engañosa. A veces, la vida nos trata como una máquina tragamonedas, y recordar esto puede mantenernos humildes cuando las lecciones inesperadas nos vienen caídas del cielo.

LECCIONES DE LA CHATARRERÍA

A veces ni siquiera podemos controlar lo que conocemos.

Cuando jugamos a las probabilidades, estas juegan con nosotros.

Manejar una situación, controlar el flujo de un empeño, es una ambición que en ocasiones puede ser engañosa.

---

2 Bono: El apóstol Pablo, que entonces todavía era un tonto llamado Saulo, observó la ejecución con una sonrisa de satisfacción.

12

LAS PALABROTAS HAY QUE GANARLAS

A menos que hayas ganado el derecho a usar malas palabras, si lo haces para ganar tu caso con la gente que diriges, rebotará contra ti.

Durante mis años de adolescencia, el término «bocasucia» (el preferido de mi madre) me hubiera descrito con certeza. No era de sorprender, dado que los hombres con los que trabajé en la chatarrería de mi papá eran más como bocas de letrinas ambulantes o, incluso, de alcantarillados[1]. A los diecisiete años, cuando salí con D'Aun por primera vez, mi lenguaje no había mejorado mucho. Sin querer, eso fue algo bueno, porque alguien me había regalado un par de billetes para ver a George Carlin con su rutina cómica: «Las siete palabras que no pueden decirse jamás en televisión», en el teatro *Circle Star* de San Carlos.

¿Te preguntas a dónde voy con esto? Ten paciencia, pronto llegaremos al liderazgo.

Conocía a D'Aun desde el octavo grado. Era hermosa, popular y amistosa, y siempre sonreía. En otras palabras, fuera de mi alcance *por completo*. Técnicamente nos movíamos en los mismos círculos

---

[1] Mi editorial no me permitió usar algunas palabritas en este libro. Insistí en que por cada lector cristiano que perdiéramos, pudiéramos ganar uno o dos que no consideran que las figuras de *Precious Moments* son expresiones de la fe cristiana. Aun así, me lo denegaron.

durante el bachillerato, pero *técnicamente* la Tierra y Júpiter ambos giran alrededor del sol. No significa que sus caminos se crucen en el futuro.

Aun así, una voz dentro de mí sugirió: *¿Por qué no le pides que salga contigo?* Lo hice, ¡y ella *accedió*!

(No recuerdo estar nervioso. Pero bueno, tampoco recuerdo nada de ese momento. Eso significa que quizá estuviera tan aterrado que reprimí todo el evento).

Por fin llegó el día de la salida. La recogí en mi Mustang pintado con rayas de carrera. Fuimos hasta Fremont, la única ciudad entre Pleasanton y el teatro *Circle Star* que me conocía bien. Le di un poco de elegancia a la cita llevándola al restaurante *Lyon's*. (Imagínate un *Denny's*, excepto que ya no existe). Al menos estaba lejos de los vecindarios que frecuentábamos con regularidad, lo cual significaba que nadie nos vería. No derramé nada, D'Aun no me ignoró y, al poco rato, estábamos camino del teatro.

Quizá conozcas la rutina clásica de Carlin. Es casi limpia según el estándar moderno de muchos comediantes de hoy en día, pero en ese entonces, era algo bastante provocador[2].

Casi me muero de la risa. Y supe que D'Aun me gustaba *de verdad* cuando me di cuenta de que ella también se reía tanto como yo. Una pareja sentada cerca de nosotros, a quienes bondadosamente describiré como remilgados, *no* parecía disfrutar de las bromas de Carlin, lo cual provocó que D'Aun y yo nos riéramos mucho más[3].

Cuento esta historia porque mi yo de diecisiete años, si pudiera verme ahora, podría pensar que soy un poco mojigato. A diferencia de esa pareja en 1975, todavía me reiría de las bromas de Carlin,

---

2 En caso de que te interese, las palabras son __________, __________, __________, __________, __________, __________ y __________. Si las líneas están en blanco, puedes darle las gracias a NavPress. O a mi madre.

3 Algunos lectores querrán saber el resto de la historia. Tomamos el camino largo de vuelta a Pleasanton porque no quería que la noche terminara. Al final, nos vimos de pie frente a la puerta de su casa. Nuestro primer beso. Mágico. Cinco años más tarde le propuse matrimonio. Llevamos casados varias décadas. Todavía mantenemos el gozo de ese primer beso. Esto puso en marcha nuestra historia, y le doy gracias a Dios todos los días por D'Aun.

pero mi yo más joven se sorprendería de lo poco que uso malas palabras hoy en día.

Lo que me hizo cambiar fue una interacción después de mi primera cita con D'Aun. La planta de la iglesia en la que D'Aun y yo estábamos involucrados había comprado un edificio, y me pidieron que ayudara a supervisar la construcción del interior. El proyecto no era muy lujoso; en esencia, solo añadir unas cuantas paredes interiores y algunas comodidades a un pequeño edificio comercial, pero alguien tenía que echarles un vistazo a los subcontratistas y a los voluntarios de la iglesia. Un día, un hombre del gobierno de la ciudad se apareció para inspeccionar la fontanería del nuevo baño. Señaló un millón de cosas que hicimos mal, y decidió ser agresivo y desdeñoso. Los hombres de la iglesia habían hecho todo el trabajo, y yo no tenía ni idea si el inspector tenía razón, pero allí tuve que quedarme, mientras que este hombre me reprendía por lo que me pareció una eternidad.

Cuando por fin la puerta se cerró detrás de él, perdí los estribos. ¿Quién se cree este tipo que es? Por el amor de Dios, solo somos voluntarios aprendiendo a construir el baño de una iglesia, no fontaneros profesionales trabajando en un nuevo hospital. Claro que queremos hacer bien las cosas, ¿pero en serio? ¿Por qué ser tan patéticamente agresivo con esto? Me desahogué como un volcán, y maldije a los burócratas, los trabajadores de construcción y el papeleo del gobierno.

¿Mencioné que el pastor estaba presente? Por fortuna, él mantuvo su compostura y se rio de mi perreta. Lo cual me dio el espacio para darme cuenta de algo sobre mí mismo: A los ojos de la iglesia, me había convertido en un completo chatarrero. A propósito de una inspección de fontanería. ¿Ese era el tipo de hombre que yo quería ser?

Me comprometí a cambiar, así de simple. Y lo hice[4].

---

[4] Un cambio aburrido, lo sé. Sin embargo, podemos cambiar en muchos más aspectos de la vida de lo que admitimos a veces. No todo tiene que ser un proceso ni complicado.

Saqué de mi vocabulario casi todas las malas palabras porque me pareció una manera más sabia de vivir. Todavía digo algunas, pero mucho menos que antes. Y le presto mayor atención al contexto. Aunque una palabrita aquí o allá es a veces la mejor expresión que puedo usar, son escasas ahora, en comparación con el pasado.

Lo que me trae a una diatriba, y *nos* lleva al tema del liderazgo. Últimamente, he notado muchas palabrotas que son inapropiadas por completo. Provienen de líderes más jóvenes, ciertos tipos de políticos y directores ejecutivos que intentan relacionarse con sus equipos. Incluso, provienen de pastores y líderes «modernos» de la iglesia. Hay una generación de líderes diciendo palabrotas hasta por los codos, intentando aparentar ser algo que no son. Quieren parecer ser más valientes, más auténticos o menos atados a las llamadas normas y presiones sociales.

Y se esfuerzan *demasiado*.

Después de crecer en la chatarrería, y vivir por décadas en el mundo de la construcción, las empresas sin fines de lucro, la educación mal financiada y las divertidísimas riñas insignificantes en las iglesias locales, puedo decir que las palabrotas deben ganarse... y muy poca gente se ha ganado el derecho de usarlas.

Cuando tu vida está bien empaquetada y segura, las palabrotas solo sirven para hacerte parecer tonto. Si estás sentado en tu oficina con aire acondicionado, y el aprendiz te trae la bebida equivocada de Starbucks, no te toca blasfemar. No. O si acabas de firmar los papeles de una adquisición corporativa hostil, y quieres restregárselo en la cara al perdedor que está sentado frente a ti en la mesa de negociación, no puedes comenzar a maldecir como un marinero. De igual manera, si eres marinero de fin de semana, tampoco deberías maldecir por todas partes.

No obstante, ¿si eres un mecánico que regresa a casa con grasa debajo de las uñas? ¿O la enfermera de urgencias con manchas de sangre en el delantal, el sargento que tiene la responsabilidad por la vida de su pelotón o alguien que recoge la basura de otros todo el día? Entonces sí, te has ganado el derecho de usar un lenguaje más colorido. Los que tienen que lidiar con los aspectos cáusticos y corrosivos de la vida, los que entienden el sudor diario y agobiante de ganarse el sueldo, esos son los que pueden elegir hablar de forma que pueda, o deba, hacer que el resto del mundo parezca remilgado.

Este es un punto obvio, pero importante: A menos que te hayas ganado el derecho a usar malas palabras, si lo haces para ganar tu caso con la gente que diriges, rebotará contra ti. Lo verán a través de tu postura, se burlarán de ti y te ignorarán. No te tomarán en serio por no usar palabras más descriptivas, certeras y útiles. Algunos se ofenderán, y tu falta de tacto por su ofensa los alejará de ti. El uso de palabrotas no te hará parecer más fuerte, igual que evitarlas no te hará parecer mojigato.

En pocas palabras, si maldices a cada momento, pronto serás un pésimo líder que nunca podrá inspirar más que la basura de tu boca. En su lugar, mantén tu pólvora verbal seca hasta el día en el que la necesites de verdad. Si no te has ganado el derecho de usar palabrotas cuando sea necesario, ninguna cantidad de malas palabras superfluas hará que nadie crea que eres algo más que un idiota anticuado.

Así que, si te oyes maldiciendo en la presencia de otros solo por las apariencias, mejor que... bueno, te calles.

(Terminada la diatriba. Me siento mucho mejor ahora).

RESCATADOS DE LA ESCRITURA

La historia es demasiado buena para no citarla. En mi experiencia, a la gente que no *conoce* esta parte de la Biblia le cuesta trabajo creerla.

> De Jericó, Eliseo se dirigió a Betel. Iba subiendo por el camino cuando unos muchachos salieron de la

> ciudad y empezaron a burlarse de él. «¡Anda, viejo calvo! —le gritaban—. ¡Anda, viejo calvo!». Eliseo se volvió y, clavándoles la vista, los maldijo en el nombre del SEÑOR. Al instante, dos osas salieron del bosque y despedazaron a cuarenta y dos muchachos. De allí, Eliseo se fue al monte Carmelo; y luego regresó a Samaria.
>
> 2 REYES 2:23-25

Me *encanta* esta historia. La Biblia es mucho más ruda de lo que nos gusta admitir. Mucho más *humana*[5].

Se podrían decir muchas cosas importantes de este pasaje. Tantas, que pudieras pedirle a tu pastor que predique sobre él. Lo que quiero señalar es que estos muchachos no se habían ganado el derecho de burlarse de Eliseo. (En realidad, *nadie* se lo había ganado). ¡Ni siquiera se habían ganado el derecho de afeitarse! Aun así, pagaron el precio por su uso ligero del lenguaje áspero cuando las osas vinieron para enseñarles algunos «modales».

Sin embargo, en otras partes de la Escritura, los grandes líderes han usado palabras algo coloridas con un propósito mayor y redentor. Algunas de esas historias están en el Libro, como cuando Pablo les dice a algunos instigadores que se mutilen[6] o reconoce que todo lo demás que propone es estiércol en el alcantarillado comparado a Jesús[7]. A diferencia de esos desafortunados muchachos cuyas palabrotas casuales los llevó a confrontar dos osas furiosas, Pablo se había ganado el derecho de hablar así de vez en cuando. ¿Cuántas veces no naufragó, o lo golpearon, encadenaron o echaron a la cárcel?

---

5 ¿He considerado alguna vez llamar osos salvajes para atacar a mis perseguidores? Sí, en alguna que otra ocasión.

6 ¿No me crees? Lee Gálatas 5:12.

7 ¿Todavía no me crees? Bien, lee Filipenses 3:8.

Soy lo suficiente protestante para saber que la gracia no se gana. No obstante, estoy seguro de que sí tenemos que ganarnos el derecho de usar palabras obscenas.

LECCIONES DE LA CHATARRERÍA

El uso de palabrotas no te hará parecer más fuerte, igual que evitarlas no te hará parecer mojigato.

Si maldices a cada momento, pronto serás un pésimo líder que nunca podrá inspirar más que la basura de tu boca.

Mantén tu pólvora verbal seca hasta el día en el que la necesites de verdad.

13

UN LANZALLAMAS Y LA INMUNIDAD

Un buen líder a veces dice cosas para incomodar a la gente con el fin de provocar la acción.

Las chatarrerías de nuestra familia no eran agradables a la vista... bueno, en realidad a *ninguno* de los sentidos. Había montones de vehículos oxidados, remolinos de polvo azotados por el viento, tráfico pesado de peatones y vehículos, olores químicos y mecánicos, el chirrido del metal al separarse y hasta, literalmente, perros de la chatarrería gruñendo y ladrando[1].

Tal vez todo esto fuera muy incómodo para el parque de casas móviles de al lado.

En primer lugar, era un lugar ilógico para tener un vecindario residencial, pero así era San José durante esos años después de la Segunda Guerra Mundial, cuando la actitud era «actuar más y pensar menos». Todo el que quería construir algo, lo hacía, aunque eso significara plantar cien casas móviles en un lugar donde estaba garantizado que el valor de la propiedad se desplomaría y atrajera lo peor de la ciudadanía. Por unos cuantos años, el parque fue lo bastante bueno para vivir y, luego,

---

1 Bueno, a decir verdad, nuestros perros solo movían el rabo. Papá solía decir que quizá le sujetaran la linterna al ladrón.

comenzó su descenso inevitable. Las calles estrechas y las casas descuidadas subarrendadas de un solo ancho se convirtieron en el último recurso para la mayoría de los que vivían allí. Los ladrones de autos, narcotraficantes y hasta un reconocido abusador de niños estaban mezclados con alguna gente trabajadora que nunca había tenido mejor suerte.

Ese parque necesitaba que lo clausuraran y a la gente le hacía falta un nuevo comienzo. Los elementos criminales no merecían una base de operaciones, y la buena gente que quedaba merecía un lugar más tranquilo donde vivir sin el sonido de tantas sirenas policiacas.

A mediados de la década de los ochenta, yo estaba al frente de *Globe Properties*, nuestra empresa de bienes raíces, y propusimos una solución: Compraríamos la propiedad, correríamos con los gastos de relocalizar a los inquilinos, quitaríamos las casas móviles, y construiríamos nuevas casas, edificios comerciales, paisajismos y alumbrado, junto con muchas otras mejoras. La reurbanización sería una mejoría masiva para esa área de San José, y nos daría ganancias a nosotros. Todo el mundo ganaba.

Como es natural, la ciudad cambió la zonificación *precisamente* después que compramos la propiedad. Antes, clausurar un parque de casas móviles requería enviar avisos de desahucio, esperar ciento veinte días, ayudar a los residentes a encontrar nuevas moradas y mandar los buldóceres. Gracias a los nuevos reglamentos, que se idearon con la mejor idea de proteger a los residentes, nuestro proyecto cayó en un mar de burocracia.

Mi abogado y yo solicitamos reunirnos con los planificadores de la ciudad. Era obvio que querían que nuestros planes siguieran adelante, pero sus manos estaban atadas por sus propias leyes. La situación era frustrante, innecesaria y estúpida en sí. Me exasperé al máximo.

En la reunión, uno de los concejales me preguntó: «Sr. Goble, ¿qué necesita usted de nosotros para cerrar el parque?».

No perdí la oportunidad. «Inmunidad y un lanzallamas».

El concejal me miró sorprendido, como si no creyera mis palabras. Los ojos de los otros dos empleados se abrieron en asombro. Es probable que a mi abogado le dieran uno o dos vuelcos al corazón, pero yo pude expresar mi punto y, lo que es más importante, pude llamarles la atención y enfocarnos en el asunto a resolver. (Y lo resolvimos. El resto de la historia es aburrido, pero al final nos aprobaron el proyecto). El liderazgo requiere que pisemos algunos callos (rompamos algunas normas), a fin de poder avanzar. La decencia tiene su lugar, pero a veces lo tienen los lanzallamas.

RESCATADOS DE LA ESCRITURA

El apóstol Pablo también usó un lenguaje vivo. De todos modos, era un hombre luchador, y su conversión de cazarrecompensas a plantador de iglesias no hizo mucho para suavizar su ventaja.

Por ejemplo, en la carta a los gálatas se enoja tanto con sus opositores que echa humo: «¡Ojalá que esos instigadores acabaran por mutilarse del todo!» (Gálatas 5:12). Es el tipo de frase que algunos lectores modernos a veces le pasan por encima, ya sea intencional o no, sin prestarle atención al hecho de que Pablo se refiere a que sus enemigos se corten sus propios genitales. Pablo usa un lenguaje enfático e incómodo por una razón beneficiosa.

¿Podemos añadirle esto a nuestros arsenales de liderazgo? Pedir un lanzallamas e inmunidad no era lo que los hombres en aquella reunión querían oír. A decir verdad, no era lo que *necesitaban* oír, al menos en un sentido, porque yo no estaba necesariamente proponiendo una solución. Sin embargo, en otro sentido, pude voltear el enfoque de la conversación y mostrarles que era hora de dejar atrás la finura y explorar nuevas formas creativas para avanzar. Si hablamos así siempre, perdemos nuestra capacidad de asombrar por el motivo adecuado. Ahora bien, si escogemos el momento, una bomba verbal a su debido tiempo puede marcar toda la diferencia.

LECCIONES DE LA CHATARRERÍA

El liderazgo requiere que pisemos algunos callos (rompamos algunas normas), a fin de poder avanzar.

La decencia tiene su lugar, pero a veces lo tienen los lanzallamas.

Una bomba verbal a su debido tiempo puede marcar toda la diferencia.

14

PON A LA GENTE ADECUADA EN EL AUTOBÚS

A veces las personas adecuadas en el autobús son las personas equivocadas.

Jim Collins escribe muy buenos libros acerca de gestión empresarial.

Quiero que eso se destaque en su propio párrafo, pues estoy a punto de presentar un gran *sin embargo.* Collins ha ayudado en gran manera a muchos líderes a explorar nuevas ideas, a pensar con más cautela y a administrar con más eficiencia. Lo admiro y respeto, a él y a su trabajo.

Sin embargo, a veces presenta sus ideas de maneras tan memorables y simples que se convierten en... simples. El asunto recae más sobre los lectores que sobre el texto de Collins, que casi siempre es sabio y matizado. Los lectores no tienden a discutir las ricas sutilezas del último libro de Collins, más bien se conforman con expresar una o dos ideas, ¡a veces solo el título![1]

Por ejemplo, casi todos los líderes han escuchado la máxima de Collins respecto a que necesitamos poner «a las personas adecuadas en el autobús»[2]. La mayoría lo toma como que si queremos que nuestra organización tenga éxito, necesitamos

---

1 Jim Collins, *Empresas que sobresalen: ¿Por qué unas sí pueden mejorar y otras no?*, Grupo Editorial Norma, Bogotá, Colombia, 2002. Hablaremos más de esto en el capítulo 15.

2 Jim Collins, *Empresas que sobresalen*, p. 13. Es, ¡ejem!, un buen libro.

emplear a las personas adecuadas para el trabajo apropiado. Una vez que están en posición para maximizar su potencial y minimizar sus debilidades, lo más probable es que el éxito de la empresa sea órdenes de magnitud.

Poner a las personas adecuadas en el autobús... ¡parece excelente!

Excepto que no tiene sentido. Al menos, no tiene el sentido simple y aplicable de la forma universal que *deseamos* que tenga.

Primero, es más fácil *hablar* acerca de poner a las personas adecuadas en el autobús que contratarlos y mantenerlos. Algunos están felizmente empleados en otra parte. Varios exigen salarios más altos de lo que podemos pagar. No podemos emplear y desemplear personas al instante; y aun si tuviéramos ese poder, hay un sinnúmero de complicaciones morales y prácticas.

Segundo, podemos sentirnos tentados a pensar que «lo adecuado» significa «lo mejor», pero no es así. Ninguno de nosotros tendrá jamás un equipo de estrellas puro. Siempre habrá alguien más inteligente, con más talento, que trabaje de manera más ardua, etc. Y siempre tendremos algunos jugadores de utilidad (para ampliar aún más la analogía deportiva) que no son de élite, pero que, sin embargo, son bastante valiosos.

Por último, y este es el punto más importante, en ocasiones nuestra tarea es trabajar con la gente «inadecuada» en el autobús. Por lo general, Collins (al igual que la mayoría de los escritores empresariales) define el éxito como el éxito de la organización. Esto tiene sentido en el contexto de sus libros. No obstante, ¿qué podemos decir acerca del contexto de tu organización? ¿Es el bienestar de la organización la única medida para definir el éxito?

Yo veo a mis colegas como obras imperfectas sin terminar, *y estoy seguro de que ellos me ven igual a mí.*

Nadie es perfecto. Nadie tiene siempre la respuesta apropiada. Trabajar junto a personas imperfectas requiere más tiempo y energía que hacerlo junto al mejor empleado posible para esa posición. Es una pérdida de recursos. Afecta los resultados de forma negativa. Sin embargo, para mí (y si todavía estás leyendo el libro en este momento, para ti también), la organización no es lo único que importa. A veces, las personas adecuadas en el autobús son las que nos necesitan más a nosotros de lo que nosotros las necesitamos a ellas.

Algunas empresas son inflexibles en cuanto a reunir a los individuos capaces, lo que les trae resultados financieros sorprendentes. Sin embargo, ¿sabes lo que sucede cuando tienes a alguien en el autobús que sobresale y, de pronto, llega uno que sobresale aún *más*? De repente, el autobús desaparece en una nube de gases de escape. (O de arcoíris y mariposas, si es una empresa tecnológica respetuosa del medio ambiente).

Yo prefiero mirar a las personas de mi equipo, tratar de comprender sus fortalezas y debilidades (¡y las mías también!), e invertir en sus vidas. Eso significa que paso más tiempo sirviendo a mis colegas y menos sirviendo a mi organización, y esa es la cuestión. De aquí a diez años, debe importarme menos la organización y más la prosperidad de esos a los que Dios ha puesto en mi vida.

No soy ingenuo. Las empresas, las organizaciones sin fines de lucro y las iglesias tienen que pagar las cuentas y mantener su empleomanía. Las empresas tienen que producir ganancias si quieren mantener las luces encendidas. Las organizaciones sin fines de lucro necesitan mantenerse en operación si quieren efectuar cambios. Las iglesias tienen que echar a un lado el «agape descuidado»[3] en su administración. Estas necesidades siempre están presentes.

No obstante, mi modesta sugerencia es que nos protejamos contra el derecho arrogante de echar a las personas del autobús y una fijación superficial con solo tener a las personas adecuadas

---

[3] *Agape* significa amor, por supuesto. A veces, las iglesias descuidan su estilo de administración, y no quieren ofender a un colega ni crear tensión. A menudo, esto resulta en un estilo administrativo pasivo-agresivo que resulta, bueno, descuidado.

allí[4]. Invertir en el equipo que tienes, más que en el equipo que *desearías* tener, es un principio básico de liderazgo, al igual que es fundamental para seguir a Jesús.

Si nuestra meta final es seguir a Jesús, no dejemos que nuestro entusiasmo por el éxito domine el mandato de Dios de que nos conozcan por nuestro amor.

RESCATADOS DE LA ESCRITURA

Algunas de mis aplicaciones de la Escritura han sido creativas, lo reconozco, ¡pero otras se escriben a sí mismas! ¿A cuál de los doce discípulos *no* lo hubieran echado del autobús si Jesús hubiera leído un blog de Jim Collins durante una de sus sesiones de soledad matutinas? Veamos...

Judas. Sin duda, ya que llevó los secretos comerciales directamente a la competencia.
Simón el Zelote. Digamos que los fanáticos antigubernamentales no son los mejores colegas.
Tomás. De seguro que tenía que confiar más en el programa.
Jacobo y Juan, los hijos de Zebedeo. Pidieron un ascenso indebido. Debieron ser milénicos, porque traían a su madre al trabajo.
Mateo, el cobrador de impuestos. Miembro activo de una red internacional de lavado de dinero.
Pedro. Negó a su Director Ejecutivo en tres entrevistas diferentes.

Quizá Jesús se hubiera quedado con el resto, ¡solo porque no se equivocaban mucho!

---

4 Por cierto, sospecho que Collins estaría de acuerdo conmigo en esto. En el liderazgo, como en la política y en tantos otros ámbitos, es más fácil tomar decisiones sensatas que las sustanciales.

La Escritura está llena de ejemplos así. Aunque es obvio que hay muchos hombres y mujeres excelentes en la Escritura, casi todos tuvieron cualidades que parecerían devastadoras en una entrevista de trabajo; algo para recordar la próxima vez que te reúnas con tus colegas.

LECCIONES DE LA CHATARRERÍA

La organización no es lo único que importa.

De aquí a diez años, debe importarme menos la organización y más la prosperidad de esos a los que Dios ha puesto en mi vida.

Invertir en el equipo que tienes, más que en el equipo que desearías tener, es un principio básico de liderazgo, al igual que es fundamental para seguir a Jesús.

15

¿DE BUENA A GRANDIOSA?

De buena a grandiosa a menudo no lo es.

Cuando mi hijo Jedd se graduó de la universidad, hicimos una limpieza general del viejo rancho familiar. Jedd me trajo un maletín que encontró en una de las habitaciones. Con aspecto de contador (lo cual no reflejaba su actual carrera como desarrollador de aplicaciones web), tiró el maletín sobre el mostrador y preguntó: «¿Puedo abrirlo?».

«Sí. Creo que era de tu abuelo Goble». Abrió los cierres, levantó la tapa y... gafas de sol. Estaba *lleno* de gafas de sol. Docenas. Todas con el mismo estilo y marca. Y, de pronto, recordé la vez que le pregunté a mi papá acerca de su filosofía empresarial.

Estábamos de pie delante del mostrador del frente de la chatarrería, en un momento de calma entre los clientes y las tareas. No me respondió de inmediato, quizá porque estuviera luchando por poner en palabras un concepto que siempre había intuido, pero que nunca había expresado.

«Pienso en el negocio como estar parado delante de una mesa llena de cosas buenas», comenzó. Luego abrió los brazos. «Extiendo los brazos y trato de acaparar todo cuanto puedo, sin importar la calidad».

Luego vino la sorpresa: «Solo cumple con tu trabajo».

Y es por eso que mi papá era el tipo de líder que compraba gafas de sol al por mayor. Tal vez siempre lucía igual, pero si se le perdía un par (lo cual sucedía con frecuencia), ¿y qué? Tomaba otro y seguía haciendo lo que había que hacer.

Esta actitud práctica y necesaria de «cumplir con el trabajo» es demasiado paralizante para nuestro deseo de ser grandiosos. Todos conocemos la frase «de buena a grandiosa» del libro de Jim Collins del mismo título. Como dije en el capítulo anterior, aprecio el mensaje de Collins, pero se ha malinterpretado hasta el punto de hacerles daño a los líderes.

¿Cómo? En el sentido de que muchos farsantes con una opinión demasiado alta de sí mismos han tomado este título *(De buena a grandiosa)* y han decidido que describe todo lo que hacen. Todo lo que *deben* hacer. Grandiosos 24-7-365.

Dame un respiro.

Si *todo* es grandioso, nada es grandioso. La grandeza es relativa. A Stephen Curry, jugador estrella de baloncesto, lo consideran grandioso porque la mayoría de los jugadores de la liga *no lo son,* al menos comparados a él. ¿Significa esto que la liga en su totalidad no entretiene a los fanáticos ni produce el mejor baloncesto del planeta? Claro que no. ¿Significa que Curry siempre es grandioso? No. Tiene días malos, al igual que todos nosotros.

Es más, pudiera llegar a decir que si queremos ser mejores líderes, debemos preocuparnos mucho menos por ir de buenos a grandiosos, y aprender a relajarnos más.

Adopta «lo suficientemente bueno» y «cumple con tu trabajo».

Enfócate en la simplicidad y la confiabilidad.

Confórmate con ser competente.

La verdad menos que sexi sobre el liderazgo es que la mayor parte del mundo, casi siempre, se basa en la competencia, no en la grandeza. La grandeza no existe. Debemos buscar la grandeza cuando sea apropiado. No obstante, la mayoría de la veces, cumplir con nuestro trabajo es lo suficientemente bueno.

Pero espera: ¿Buscar *menos* la grandeza, no nos hace líderes por debajo de la medida y que han fracasado en su intento de maximizar su potencial?

Estoy tentado a dar una respuesta sabia y modesta, pero mejor contesto con un enfático: *¡No!*

En realidad, la *calidad* constante, en lugar de la grandeza, es de seguro más saludable para la mayoría de las personas, en la mayoría de las situaciones, la mayoría de las veces.

El problema de buscar *siempre* la grandeza es que nos obliga a centrarnos en los objetivos equivocados. Nos tienta a ser narcisistas. Nos invita a dedicar demasiado tiempo y energía a muy pocas cosas. El deseo de grandeza nos puede hacer competitivos unos con otros. Y cuando nos obsesionamos en cuanto a esas cosas y no a las tareas diarias simples que mantienen en funcionamiento nuestra empresa o nuestra iglesia, nos convertimos en líderes inadecuados.

RESCATADOS DE LA ESCRITURA

En Lucas 7, conocemos a un soldado romano sin nombre. Lee el capítulo completo más tarde (o ahora)... Dios sabe que es más importante que este libro que tienes en la mano.

En este pasaje, conocemos a un centurión, otro engranaje anónimo en la vasta maquinaria conocida como Pax romana. Por cierto, si trabajas en una empresa dentro del *Fortune 500*, o en una megaiglesia, esto te resultará conocido. El trabajo del centurión era cumplir las órdenes y controlar a sus más o menos ochenta soldados[1].

---

1 Un momento, sé lo que estás pensando: «Tonto, eran *cien*... el hombre era un *centurión*». Yo pensaba así también, hasta que mi equipo de investigación (Ej.: Wikipedia) me informó que más bien eran ochenta. (Y no me digas que no consideras a Wikipedia como una autoridad en el protocolo militar de la Roma del primer siglo).

Al igual que mi padre, este centurión tenía un trabajo sucio, por el cual nadie le daba las gracias. Nadie esperaba grandeza de él. Nadie perdía su tiempo preguntándose por qué no había logrado la «grandeza». Es posible que ni *él* mismo perdiera el tiempo preguntándoselo. Más bien, se preocupaba por controlar a sus ochenta soldados, cumplir las órdenes y, tal vez, enviar informes increíblemente aburridos a sus superiores. Y cuando llegó la crisis, y la vida de su siervo estaba en juego, solo dio el primer paso y, luego, el siguiente.

Voy a dejar que leas tú mismo la historia, pues no es en la trama donde quiero que nos enfoquemos. Más bien, quiero destacar el final con Jesús maravillado en el versículo 9: «Les digo que ni siquiera en Israel he encontrado una fe tan grande».

Me encanta. Jesús escoge a *este* hombre y lo pone como ejemplo de fidelidad. Un soldado extranjero que solo iba cada día a trabajar.

Este es un buen momento para ser bien claros. De seguro que no estoy criticando la *posibilidad* de ir de lo bueno a la grandeza. A veces, la grandeza sucede y, a decir verdad, es increíble. Fíjate en un negocio en mi localidad: *Story Coffee*. Es un café independiente, y no estoy exagerando cuando te digo que el dueño hace el mejor *macchiato* que he probado fuera de Italia. Es justo decir que en un mundo de café malo, promedio y bueno, *Story Coffee* es grandioso.

¿Significa esto que todo café en el mundo debe luchar por ser grandioso? No. A veces necesitas un café que se hace con demasiada rapidez para ser grandioso. Otras veces necesitas un café que te cueste un tercio del precio. Es más, quizá cuando leas esto, *Story Coffee* ya no exista.

La grandeza viene por momentos. Como un rayo. Sin embargo, mi temor es que muchos de nosotros los líderes pensamos que *todo* necesita ir de bueno a grandioso. Y eso es, en realidad, una mentira.

No toda cena que cocines para tu familia necesita ser un banquete culinario. A veces, casi siempre, solo necesita ser sana, satisfacer, saber bien y acercarte a tu familia.

No toda reunión de la junta debe compartirse en blogs de TED. A veces, casi siempre, solo necesita moverse con eficacia a través de la agenda.

No todo paciente que visites como pastor necesita abrazarte con lágrimas en los ojos cuando sales. A veces, casi siempre, solo necesitan ver un rostro amistoso para interrumpir su aburrimiento.

Sin embargo, a nuestra cultura le cuesta demasiado lidiar con estas cosas. Hay toda una industria de autoproclamados gurús que asedia nuestros sentimientos de insuficiencia. Puede que seamos buenos líderes, o líderes eficientes... ¿pero somos grandes líderes? Un momento, ¡quizá no! ¡Pero debemos serlo! Somos líderes en la nación más grandiosa de esa tierra verde que Dios creó, y si no somos *grandiosos* en todo momento, ¿quién lo será?[2]

Este mensaje se riega como un estornudo durante la época de la influenza, por montones de vendedores y mercadotécnicos, gente en las redes sociales y autores que tratan de ganar un dólar fácil. Y lo único que venden, en *realidad*, es un sentido inflado de importancia.

¿Recuerdas el maletín lleno de gafas de sol? Al centurión le hubiera encantado. Si se le rompía uno mientras discutía con uno de sus legionarios, solo tenía que meter la mano en el bolso, sacar un par idéntico y continuar con su próxima tarea. Como diría mi padre, quizá mientras tomaba el par número cien de gafas: «Solo cumple con tu trabajo».

Comencemos por definir el éxito como aptitud. Estoy dispuesto a apostar que solo es mundano lo que tu organización o iglesia necesita hacer mañana. Archivar un informe de presupuesto. Una

---

2 ¿Has notado que a veces puedo ser un poco sarcástico?

conversación con alguien. Mandar dos docenas de correos. Sé que es así en mi negocio casi todos los días.

Así que lleguemos y cumplamos con nuestro trabajo. Marquemos la tarjeta mañana y tratemos de ser buenos antes de ser grandiosos.

Si esto te molesta, puedes ir y comprar tus propias gafas de lujo.

LECCIONES DE LA CHATARRERÍA

Si todo es grandioso, nada es grandioso. La grandeza es relativa.

La mayor parte del mundo, casi siempre, se basa en la competencia, no en la grandeza.

Debemos buscar la grandeza cuando sea apropiado. No obstante, la mayoría de la veces, cumplir con nuestro trabajo es lo suficientemente bueno.

Marquemos la tarjeta mañana y tratemos de ser buenos antes de ser grandiosos.

16

LAS TÉCNICAS DE GESTIÓN SON ADICTIVAS

Las técnicas y los trucos de liderazgo dan resultado... hasta que no lo hacen.

La primera vez que tuve que dirigir un equipo todos los días, acababa de cumplir veintitrés años. El material de mis cursos de administración todavía estaba fresco en mi memoria. Había marcado los libros de texto y destacado las libretas llenas de axiomas, leyes y flujogramas. Tenía los libros más populares escritos por los gurús empresariales del momento.

Sin embargo, mis resultados eran menos que perfectos, lo cual, como sabemos, es el lenguaje empresarial para decir «bastante malos».

En esencia, nada de lo que intenté fue eficaz para motivar a mi personal. Claro, algo de lo que probé dio resultado algunas veces, pero siempre sentí que necesitaba *más*. Una nueva técnica. Un experimento de pensamiento perspicaz. Una nueva forma de presentarles las cosas a mis empleados. Y tan pronto como eso envejecía, volvía a mi suministro de técnicas de administración. Parecía que no podía localizar la técnica mágica que resolvería todos nuestros problemas.

Resulta, que solo necesitaba tiempo, perspectiva y experiencia para darme cuenta de que no *existe* una técnica mágica, aun cuando a los líderes todavía los engañan con la promesa de una. Pasaron los años, y mientras me abría paso tontamente hacia el liderazgo, en lugar de leer y hablar sobre el liderazgo, aprendí una segunda verdad vital:

Las técnicas de gestión son adictivas.

Los problemas que nuestras organizaciones afrontan son muy reales, así que es natural la búsqueda de respuestas. Debido a que estamos tan desesperados por encontrar respuestas, estamos predispuestos a creerle a quien las venda... y nunca podemos tener suficiente.

Todos hemos visto títulos de blogs y libros como «Cinco formas rápidas de ajustar a tu equipo» o «Por qué decir no ayuda a decir sí». No obstante, si vamos a ser tan obtusos, ¿qué tal «Consejos prácticos de gestión de la lucha libre profesional» o «Cómo usar la jerga para confundir a tu equipo y consolidar tu liderazgo»?[1]. El caso es que podríamos leer esos blogs y libros para siempre y nunca quedarnos satisfechos, y nuestros equipos seguirían teniendo problemas.

En esencia, nos referimos a narcóticos en la forma de libros de tapa dura. La avalancha periódica del juego a través de correos electrónicos semanales de liderazgo. Y como toda sustancia adictiva, la eficacia de cada técnica de gestión se deteriora con el tiempo. La segunda o quinta vez que aplicas en una reunión la técnica S.T.A.F.F. (Smile with Teeth, Always Face Forward)[2], de Gary Guru, tus colegas dejan de pensar que valoras sus comentarios y comienzan a intimidarse.

Con el paso del tiempo, tus colegas y empleados empiezan a darse cuenta de tus trucos. Es más, ¡*tú* comienzas a darte cuenta de tus propios trucos! Así que necesitas *otra* dosis de nuevas ideas, y otra, y otra.

---

1 Pudiéramos comenzar un blog llamado *Sabiduría de la chatarrería.*

2 Nota de la traductora: Un acrónimo que significa, por sus siglas en inglés, Sonríe con los dientes, mira siempre hacia adelante.

Incluso, hay un complejo espiritual-industrial (sí, es algo real) que atrapa a los líderes de las iglesias sobre cómo construir iglesias grandes y orientadas al crecimiento. Emplea a un pastor que sepa entretener (si tiene tatuajes son un bono) y una banda que suene (y parezca) como *Coldplay*, compra por lo menos una máquina de humo y tres de café expreso, y siempre tienen *muchísimo* estacionamiento. Asegúrate de tener un centro de adoración abierto, moderno y bien decorado. Y lo que es más importante, asiste a conferencias y retiros múltiples cada año para estar al día en las últimas y mejores técnicas. Y no te preocupes... todo es por el bien de hacer crecer el Reino de Dios.

¿Sabes? La gente *vendrá*... por un tiempo.

Sin embargo, las técnicas que atraen a la gente son tanto fugaces como adictivas. Si una iglesia crece por mil personas en los primeros dos años, el liderazgo puede *esperar* que el crecimiento continúe, aun si no es sostenible. (Igual pasa en los negocios). Así que el liderazgo siempre está tentado a mejorar, ajustar, innovar, cambiar, escalar, reformar, etc.

Debo ser sincero: Me tomó muchos años dar con el verdadero problema.

El problema no está en alguna técnica en particular que use o no use, y de seguro que tampoco en mi equipo.

El problema está en mi motivación. Sea o no consciente de ello, con demasiada frecuencia, dirijo a la gente para conseguir un fin egoísta. Si puedo hacer que mis empleados se desempeñen mejor, el resultado final de mi organización crecerá y obtendré reconocimiento por ser el líder que lo orquestó.

En cambio, si quito esa motivación egoísta, *¿perdería* mi tiempo leyendo otro libro por el último gurú de administración que surge? Es probable que no. Por lo menos no con tanta frecuencia. Me ayudaría para enfocar mi atención en algunas lecciones que se adapten a mi situación específica, en vez de distraerme con las listas de superventas o la jerga interna.

La antítesis de preocuparse por los trucos de gestión es preocuparse por las personas. Los mejores gerentes ponen a su gente primero, punto.

Eso parece fácil, pero es extremadamente difícil. Siempre habrá otras motivaciones que compitan por nuestras prioridades. Es más, muchas de estas motivaciones que compiten son vitales, como la rentabilidad, sostenibilidad, etc. Sin embargo, los mejores jefes y administradores son los que de verdad se ocupan de esos a quienes dirigen. Esto es increíblemente difícil, pero increíblemente importante.

Si lo haces bien, cuidando y sirviendo a tu equipo, podrás leer libros de administración con menos frecuencia y de manera más eficiente, *pues lees por la razón adecuada.*

Si te equivocas, bueno, tal vez mi próximo libro solo sea el programa de doce pasos que necesitas.

RESCATADOS DE LA ESCRITURA

En Mateo 14 leemos acerca de la vez en que Jesús alimentó un estadio de baloncesto lleno de gente[3]. Los discípulos observaron maravillados, pero tal parece que no aprendieron mucho. Lo sabemos porque un capítulo después, Mateo dice que Jesús alimentó a otro estadio de baloncesto lleno de gente. El mismo deseo por parte de Jesús, el mismo fracaso por parte de los discípulos. Él les dio cuanta oportunidad fue posible para afrontar el reto, pero aun después de la primera alimentación milagrosa, los discípulos insistían en destacar la imposibilidad lógica de lo que les pedía Jesús.

Como es obvio, estos fueron eventos extraordinarios, así que no quiero exprimir mucho la analogía. No obstante, si Jesús hubiera

[3] «Los que comieron fueron unos cinco mil hombres, sin contar a las mujeres y a los niños» (Mateo 14:21). Es como si tu vecino te preguntara: «¿Cuántos puedo esperar para la cena?». A lo que contestas: «Solo uno, además de mi esposo y mis tres niños». Huy. De todas formas, un estadio de baloncesto = 5 000 hombres + 5 000 mujeres + algunos niños alegres.

sido algún tipo de gurú en administración moderno, que piensa más en la técnica que en la gente, ¡el resultado hubiera sido muy diferente!

Después del primer milagro, Jesús hubiera creado medidas y hubiera documentado con exactitud lo que hizo para que los discípulos tuvieran un patrón para el futuro. Entonces, cuando se presentara la próxima oportunidad, hubiera regañado a los discípulos por olvidarse de la lección, hubiera gritado algo acerca de ponerse al día y les hubiera recordado: ¡Ya hemos hablado de esto, señores!

En cambio, no lo hizo. En su lugar respondió con compasión, tanto por la gente hambrienta *como* por los discípulos. En vez de hacer referencia a las metodologías anteriores o regañar a los discípulos, Jesús dio un paso al frente y los sirvió como líder amante[4].

A los discípulos les faltaba fe, no conocimiento ni experiencia. Continuaron tratando de fabricar nuevas razones técnicas para no ser líderes: dinero, magnitud, distancia hasta la ciudad; pero Jesús vio las cosas de manera diferente. Él no vio una técnica de gestión que no se implementaba como era debido. Él vio gente que necesitaba compasión, paciencia y amor.

LECCIONES DE LA CHATARRERÍA

Debido a que estamos tan desesperados por encontrar respuestas, estamos predispuestos a creerle a quien las venda.

Los mejores gerentes ponen a su gente primero, punto.

---

4 Jesús a veces corregía a los discípulos, pero tendía a ser sobre cosas como la verdad absoluta. Cuando tenía delante a la gente hambrienta o enferma, lo típico es que se enfocara en su salud antes que en cualquier otra cosa.

17

LOS BEBÉS NO GANAN UN SUELDO

La disfunción debe abordarse de manera clara y rápida para el mejor interés de los demás.

¿Puedes imaginarte cuarenta hectáreas llenas de autos rotos? Esa es el área de unas cuarenta tiendas Walmart. Sería una gran cantidad de piso de concreto lleno de precios bajos... excepto que estas hectáreas estaban cubiertas de automóviles chocados y la presencia sobrecogedora de grasa, aceite, lodo, polvo, suciedad y, sí, ratas.

Para mi padre, esto era el cielo. Era la chatarrería más grande de la industria, y no pudo resistir la oportunidad de comprarla. Claro que esto significaba que se tenía que mudar a Central Valley, lejos de su hogar de más de cincuenta años en el área de la bahía, pero era un precio pequeño para el nirvana de las chatarrerías.

Solo hacía unos cuantos años que me había graduado de la universidad cuando se mudó mi papá. Juntos, habíamos estado al frente de *Goble Properties*, y papá ya había comprado múltiples propiedades; en algunas construyó sobre lo que fuera antes una chatarrería. La compañía floreció cuando la demanda de tierra explotó en Silicon Valley. Me dejó atrás en San José, lo cual significaba que yo tenía que dar un paso y administrar las propiedades industriales y comerciales. Fue una prueba de fuego para un joven de veinticuatro años, pero también una oportunidad única en la vida, así que me esforcé lo mejor que pude.

En esa época, teníamos ocho hombres que se ocupaban del mantenimiento de los edificios. Teníamos una rutina eterna de tareas: luces que necesitaban sustituirse, puertas que no abrían o cerraban, añadir una pequeña oficina para un nuevo inquilino, limpieza de grafiti, y cosas así. Muchos de estos hombres fueron empleados de la chatarrería, y me conocían de años. Aun así, como yo era más joven que ellos, todavía me veían como el «chico universitario» sin mucha autoridad.

Me llevó un poco de tiempo establecerme como líder, pero lo que hacía no era muy difícil. Llegar más temprano que de costumbre, ayudar con los trabajos más sucios o, a lo sumo, comprarles cerveza de vez en cuando. Dejando en claro que algunos de los trabajos más complejos que tenían que hacer no estaba más allá de mi comprensión ayudaba mucho. Y, por supuesto, mi firma estaba en sus cheques de pago, la máxima autoridad.

Pronto, las operaciones diarias eran lo bastante suaves y comencé a relajarme un poco. Me estaba acostumbrando a administrar a mi equipo.

Las últimas palabras célebres... porque fue entonces cuando los chicos de mantenimiento decidieron protagonizar una novela de bajo presupuesto, escrita y producida por ellos.

Por motivos que no comprendía, siete de los ocho comenzaron a discutir. (Al octavo no le interesaba ni una cosa ni la otra). Tampoco estaban bromeando. Sus peleas verbales aumentaron con rapidez a un nivel de elección de alianzas en un programa de telerrealidad. Llegaban al trabajo disgustados, pedían trabajar menos que ciertos otros, y llevaron su chismorreo a un nivel deprimente. Toda esa disfunción era como un ácido que corrompía su desempeño en el trabajo. Hacían las tareas solo a la mitad, y algunas ni siquiera las hacían.

Cuando comenzaron las disputas, todo parecía tan tonto e inútil que sacudí la cabeza y las ignoré. ¡Ay! Porque una mañana, dos de los chicos se negaron a ir juntos en el auto para llegar a un proyecto grande. Furioso, reasigné las tareas para el día, con la esperanza de equilibrar los horarios y el personal, y completar la lista. Fracasé, y mis equipos provisionales fracasaron también. Ese mes, no completamos a tiempo las mejoras de las propiedades que teníamos planificado, lo cual significó que un inquilino no se pudiera mudar a tiempo, y esto trajo como resultado la pérdida de rentabilidad.

Yo estaba furioso. Me culpé por no haberle puesto los frenos al drama desde el principio, y pretender que desaparecería solo. No quería perder mi capital de liderazgo en algo tan insignificante. Ahora, tenía un problema mayor que solo iba a empeorar. No había tiempo para desarrollo de equipos ni solución de conflictos. No me podía dar el lujo de tener una sesión individual con cada trabajador para escuchar su punto de vista. Lo que necesitaba era un equipo que pudiera darle una capa fresca de pintura a un almacén comercial, y no cantar juntos «Kumbayá».

Lo pensé durante la noche y por fin llegué a la conclusión de que, con estos hombres, ir directo al grano era lo mejor. A la mañana siguiente, los llamé a todos al taller, antes de que salieran para sus trabajos.

«La segunda peor parte de mi trabajo es despedir a alguien. Detesto hacerlo porque esto significa que alguien perderá su sueldo y esto dañará a su familia».

De más está decir que después de comenzar así, capté toda su atención.

Continué diciendo: «Sin embargo, despedir a alguien solo es la segunda peor parte de mi trabajo. ¿Saben lo que es aún peor? ¡Cambiarles los pañales a ustedes! Me niego a tener a mi alrededor gente que actúa como bebés, llorando, quejándose y protestando a cada momento porque el otro no comparte los juguetes. No quiero cambiarles los pañales a ustedes ahora ni nunca. Así que, si me veo frente a la decisión de despedirlos o cambiarles los pañales, todos quedarán despedidos. Ahora, vuelvan al trabajo»[1].

Eso fue todo. No se discutieron los asuntos, no hubo desahogo de los sentimientos ni oportunidad para procesar.

Y, ¿sabes una cosa? Dio resultado. Es más, resultó de maravilla. Algunos de los hombres sonrieron cuando lo dije, y todos reconocieron cuán absurdamente habían actuado.

Bueno, casi todos. Uno de ellos era demasiado testarudo, y en un par de semanas renunció, probando que los bebés no ganan un sueldo. ¿El resto del equipo? Aumentó su respeto por mí, y mejoraron el desempeño y la satisfacción laborales. No solo de inmediato, sino a largo plazo. Décadas después, todavía me mantengo en contacto con muchos de ellos que ya están jubilados.

RESCATADOS DE LA ESCRITURA

Una dinámica similar de disfunción la vemos en Marcos 10:35-45. Dos de los discípulos, Jacobo y Juan decidieron apuntar a la luna. Vinieron en privado a Jesús y le dijeron: «Queremos que nos concedas lo que te vamos a pedir».

(Una cita directa. Piensa por un momento).

Jesús, quien era perfecto y mucho más, les responde con flexibilidad: «¿Qué quieren que haga por ustedes?».

Los hermanos preguntaron si en realidad podían sentarse *bien cerca* de Jesús en el cielo; uno a la izquierda y el otro a su derecha. (Tengo hermanos, y te puedo garantizar que ya ellos habían

---

1 Puede que también hubiera otras palabras en esa perorata.

decidido en privado quién tomaría la derecha y quién tomaría la izquierda).

¿No lo sabías? Los otros diez discípulos se enteran y *no* les agradó la táctica evasiva de Jacobo y Juan. Se indignaron. La disfunción estaba infectando al grupo y Jesús, a diferencia de lo que hice yo hace años, la frena de inmediato. Reúne a los Doce y les dice, en los versículos 42-45, que el mundo busca el favor y el respeto. Según el mundo, una vez que lo tienes te ganaste el derecho de señorear sobre todos los que están debajo de ti. Entonces, Jesús les dice: «Entre ustedes no debe ser así. Al contrario, el que quiera hacerse grande entre ustedes deberá ser su servidor, y el que quiera ser el primero deberá ser esclavo de todos. Porque ni aun el Hijo del hombre vino para que le sirvan, sino para servir y para dar su vida en rescate por muchos».

No se puede permitir que la disfunción se infecte.

Incluso, una pequeña cantidad de disfunción puede destruir un equipo poco a poco, y te garantizo que tu equipo tiene mejores cosas que hacer que protestar acerca de quién se sienta al lado de Juanito de camino a un trabajo de mantenimiento, ¡o quién se sienta al lado de Jesús en el camino hacia el cielo!

LECCIONES DE LA CHATARRERÍA

Sin embargo, despedir a alguien solo es la segunda peor parte de mi trabajo. ¿Saben lo que es aún peor? ¡Cambiarles los pañales a ustedes!

Una pequeña cantidad de disfunción puede destruir un equipo poco a poco.

TERCERA SECCIÓN

EL APRENDIZAJE ES UNA COSA, ¿PERO LA SABIDURÍA? ESTO REQUIERE UN POCO MÁS DE TIEMPO Y REFLEXIÓN.

18

ESCALA COMO UN INVERSIONISTA (SI QUIERES ECHAR A PERDER TU VIDA)

Nunca jamás pienses que tienes que «escalar» para tener éxito.

No hace mucho, un amigo me invitó a un evento de noche[1]. Lo rechacé porque ya tenía un compromiso que no podía quebrantar: la cena en casa con D'Aun. A él le sorprendió mi rechazo, y con toda sinceridad, me hizo una pregunta más o menos así: «¿Cuántos años llevas de casado? ¿Unos treinta? ¿Cómo es que tu esposa todavía quiere que vayas a casa para cenar? No lo entiendo».

«Es simple», le contesté con altanería. «No ando con gente obsesionada con la escalada».

Como es probable que mi respuesta no tuviera sentido excepto en mi propia cabeza, mi amigo me pidió que se lo explicara. Aquí tienes una versión de lo que le dije.

Los inversionistas se preocupan por la escalada. ¿Por qué? Porque su propósito principal es generar ganancias.

Esto tiene diferentes tonalidades, y no voy a entrar en ellas aquí, pero un resumen razonable es que para la mayoría de los inversionistas esto es una jornada a corto plazo, mientras que para

---

[1] Señales de que podrías ser uno de mis «amigos de negocios»: Usas con regularidad palabras como *impacto, interrupción, vanguardia* y *competencia básica*. Tú sabes quién eres.

los dueños de empresas es algo de toda la vida. Un inversionista es más o menos como un cajero automático, con la excepción de que el inversionista pretende que la máquina le pague intereses. El *dueño* de un negocio, por el contrario, puede operar dentro de una serie de valores y definiciones diferentes del éxito.

Y eso pone la escalada en una luz diferente por completo.

Cuando un inversionista empuja la idea de escalada, lo que busca en realidad es un aumento en las ganancias. Ser dueño de diez pizzerías sale más barato por restaurante que ser dueño de una. ¡Y ser dueño de mil es aún más barato! Sin embargo, ¿qué me dices del dueño de todos esos restaurantes? Hay muchas cosas que el dinero no puede comprar, y una de ellas es poder estar presente con tu familia de forma regular y relajada.

Por eso, un propietario sabio echa raíces antes de expandirse. «Esta es mi pizzería, aquí en esta esquina», dice nuestro sabio propietario, «y ahora soy parte integral de esta comunidad».

¿Le gustaría a ese caballero tener cincuenta pizzerías algún día? ¿Quinientas? ¡Es posible! (Pero no necesariamente, y no de forma automática). Primero, ese propietario debe echar raíces en la comunidad. Profundizar antes de expandir.

Quizá tú no seas propietario de un negocio. Quizá no tengas intenciones de serlo jamás. Aun así, el principio es el mismo. No importa dónde concentremos nuestras energías profesionales, hacernos metas *mayores mayores mayores* es una receta para el agotamiento y hasta para el fracaso, y les hace daño a otras personas en nuestra vida también.

Un liderazgo corto de vista pone el «impacto» por encima de las relaciones, mientras que un liderazgo a largo plazo hace todo lo contrario. Los empresarios pueden caer en la tentación de expandirse antes de echar raíces. Dicen que quieren cambiar al mundo... pero no conocen a sus vecinos. Tratan de ser los primeros en llegar al mercado... pero no pueden encontrar el tiempo para servir en los eventos de sus hijos. Despacio, pero seguro, se enamoran de su vocación... mientras están casados con su esposa. Son el tipo de gente, como escribí en mi primer libro, que le ponen el seguro al auto mientras conducen por un vecindario malo de camino al aeropuerto... y vuelan a un país subdesarrollado para servir en un vecindario malo. Se enamoran de la visión mayor, el esquema superior, pero no ven a su vecino de al lado.

Como líderes, no siempre es a un inversionista literal a quien intentamos satisfacer. A veces, nuestras propias expectativas o suposiciones son las que nos agobian. Otras veces, nuestras ambiciones personales crean más estragos que cualquier presión externa.

¿Quieres conocer el motivo de por qué mi esposa (y mi familia) todavía quieren tenerme en casa? Porque nunca me enamoré *desmesuradamente* de la escala. Nunca la perseguí solo por el deseo de crecer. Trabajé, préstale atención al hecho de que es un verbo concreto e intencional, y *trabajé* para que los valores de mi empresa fueran los mismos que los de mi familia. Mi negocio creció, sí, pero creció de manera orgánica, como las raíces de un árbol le permiten expandir sus ramas.

Juntos, como familia, acogimos la comunidad, la honradez y el equilibrio. Sí, a veces me equivoco en esto. De acuerdo, muchas veces. También mi empresa. No obstante, mi objetivo ha sido constante a través de los años, y ruego que sea verdadero también.

Así que, aunque mi familia me dé buenas notas, y todavía quieran estar conmigo, los inversionistas pueden considerarme como alguien de «bajo rendimiento». Su medida para el éxito es lo que pudiera haber hecho con mi negocio si solo me hubiera ocupado del escalamiento.

¡Qué bueno que no fue así!

Los líderes eficientes crean una medida para el «éxito» que se alinea a sus valores personales y familiares. Yo he trabajado de manera muy ardua para poder enfocarme en esas cosas que son importantes de veras en mi vida. Como cenar con mi esposa o enviarle mensajes de texto a mi hija durante el día. Como tomar una cerveza con mi hijo o asistir a mi grupo de estudio bíblico.

Actividades simples, buenas, que no tienen que ver con el negocio, ya sea pasar tiempo con mi familia o ayudar con el equipo deportivo local, son una manera mucho mejor de escalar. Dirigir una empresa con raíces profundas en la comunidad, y ser un ciudadano comprometido y relacionado son la verdadera medida del éxito empresarial.

RESCATADOS DE LA ESCRITURA

La Biblia cuenta la historia de José a retazos, entre Génesis 37 y 50. Comienza como el hijo favorito. El más joven, mimado por el padre. Posee una túnica de colores y parece tener planes ambiciosos de escalar y ser un líder que haya que tener en cuenta. Tiene sueños todavía más ambiciosos y, por supuesto, cree que es una buena idea decirles a sus hermanos mayores que se arrodillarán un día ante él.

Qué tipo... ¡es probable que a mis hermanos les recuerde a mí! Favorito, ambicioso, fastidioso[2].

Adelantemos la cinta muchos años y muchos capítulos después, y los hermanos de José se ven inclinados ante él. Sin embargo, la ruta que lo llevó hasta allí estuvo llena de traición, dolor y remordimiento.

Dios usó a José para hacer algo bueno por su familia y, en realidad, por todo Egipto y muchas naciones vecinas. Sin embargo, fue un viaje terrible llegar allí, y tuvo poco que ver con la escalada intencional de José. Más bien, José tuvo que profundizar y depender de Dios, y no de sus conexiones políticas

---

2 Para ser justo, casi todos nos describiríamos unos a otros con al menos dos de esas tres palabras. No es que no nos amemos, solo que somos hermanos.

ni de su estatus social. Entonces, cuando Dios fue quien lo hizo escalar, José se sorprendió, ¡y el resto de la gente junto con él!

LECCIONES DE LA CHATARRERÍA

Un propietario sabio echa raíces antes de expandirse.

Un liderazgo corto de vista pone el «impacto» por encima de las relaciones, mientras que un liderazgo a largo plazo hace todo lo contrario.

Los líderes eficientes crean una medida para el «éxito» que se alinea a sus valores personales y familiares.

19

ABURRIRSE ES BUENO

La innovación a veces es necesaria, pero el esfuerzo probado y verdadero, lo aburrido, es lo que logra las cosas.

Hace poco, un amigo me contó de una subvención que podría ser perfecta para una de las organizaciones sin fines de lucro que dirijo.

«Roy, es una buena probabilidad para ti», me dijo, «y son seis dígitos. Vale la pena probar, ¿no?».

¿Cómo puedo negarme? Nuestra oficina llenó todas las solicitudes, mandó los documentos y calculó toda la información necesaria, hasta las cosas más insignificantes que solo pudieran ocurrírsele al director de subvenciones de una fundación. El proceso nos llevó tiempo. Tanto, que perdimos un poco el enfoque. Presentar la solicitud significaba que hacíamos menos del buen trabajo que debía hacer nuestra organización. Sin embargo, sabíamos cómo eran las reglas del juego, e hicimos todo lo posible por jugar bien. Nos convencimos de que valdría la pena si lo aprobaban.

Semanas más tarde, nos enteramos de que la fundación le había otorgado la subvención a otra organización. Me quedé desconsolado, pero no irritado. Eso pasa. Entonces, después leí por qué lo recibió la otra organización. Dicha organización estaba (y cito literalmente) «a la vanguardia» con un modelo «escalable» que «hacía mejor uso de los recursos» para «maximizar su impacto».

Santo cielo. Tomaré los Clichés de la Fundación por mil dólares, Alex.

Como es obvio, me quedé desconsolado al no recibir la subvención. Y, como es obvio, la fundación tenía el derecho de distribuir su dinero como mejor le pareciera. Sin embargo, me gustaría que las fundaciones (y, sí, las iglesias también) estuvieran un poco más ancladas en su manera de pensar[1].

Financiar proyectos innovadores puede ser excelente. Necesitamos soluciones creativas para ser probadas en el campo, y a veces un enfoque novedoso es lo que resuelve un problema difícil. Le doy las gracias a Jonas Salk por descubrir la vacuna contra la poliomielitis, por ejemplo, a pesar de no ser parte de la ciencia convencional de su día. ¿Y quién pensaría que Khan Academy[2] sería tan transformadora y, sí, innovadora?

La mayoría de las veces, sin embargo, debemos invertir en sistemas probados y aprobados que ya resultan. Por cada idea original y sin precedentes que tenga éxito, hay diez ideas establecidas y confiables que *ya* tienen éxito.

Desde luego, el problema es que esos sistemas probados y aprobados son *aburridos*, y es muy difícil conseguir donantes y voluntarios que se emocionen con algo aburrido. Las fundaciones a menudo quieren lo sexi, y es comprensible, si desean que sus informes anuales sean geniales y convincentes. No obstante, si quieren cambiar el mundo, la mayoría de las veces deben conformarse con pantalones deportivos en lugar de sexis.

---

1 Hace poco, un pastor me preguntó cómo su iglesia podía «maximizar los resultados» con el presupuesto de misiones, qué «pasos innovadores» usaba mi organización y cómo podíamos «cuantificar» el impacto de sus ofrendas. ¡Ay! La iglesia es tan culpable como la mayoría de esas fundaciones.

2 Una organización sin fines de lucro que ofrece miles de recursos virtuales para ayudar a estudiantes en todo el mundo a prosperar.

Esto hace acordarme de mí mismo, no de la ropa deportiva, de lo aburrido. Casi todos los días, me paso la mayoría del tiempo haciendo cosas aburridas. Alquileres, agricultura, enseñanza. Estas cosas son buenas, pero en una cultura que siempre quiere que todo sea nuevo y exótico, son aburridas.

No estoy abriendo pozos para huérfanos ciegos que una vez fueron soldados infantiles, ni inventando una nueva aplicación virtual que mejore tu vida amorosa, aumente tu cuenta bancaria y te limpie los zapatos. Sin embargo, todas esas cosas aburridas que hago marcan una diferencia. Puede que no sea muy emocionante para un agente de relaciones públicas, pero es bueno. Mi empresa les alquila espacio a pequeños empresarios a precio módico, y nuestro ministerio, *PathLight*, provee de becas a alumnos en riesgo. La organización sin fines de lucro de mi hija trabaja en la prevención de la explotación infantil, no en las cosas glamurosas de derribar puertas para rescatar a las niñas. Estos son proyectos sólidos y productivos que mejoran de veras nuestro mundo.

La prevención es aburrida. Financiar la educación es aburrido. Los contratos de alquiler son aburridos. Sin embargo, *estas cosas son precisamente las que se merecen nuestro apoyo*.

¿Estoy diciendo que debemos apoyar programas y organizaciones *porque* son aburridos? En realidad, ¡sí!

Si se ejecutan como es debido y su impacto se ha comprobado, ¡las organizaciones aburridas *necesitan* nuestra ayuda en grande! Piénsalo bien: En un mundo que a gritos pide ayuda, los que hacen trabajos aburridos son los que tienen más dificultades para llamar la atención. Necesitan nuestro apoyo.

Lo que esto debe significar para los líderes es un enfoque renovado sobre lo bueno, lo necesario y, sí, lo aburrido. Al menos por cinco minutos, olvidémonos de lo sexi y lo glamuroso. Esto me trae a la mente un pastor y autor que hace poco se enteró de que un artículo que escribió se destacaría en una revista. La editorial le pidió una fotografía y, por supuesto, este pastor le mandó una foto suya sentado en un café, leyendo un libro, vestido con una camisa juvenil y con el brazo doblado solo lo suficiente para develar un tatuaje.

¡Claro que esto me molestó! ¿Me gustaría que hubiera enviado una mala foto? Por supuesto que no. ¿Tengo algo que decir aquí? No necesariamente. Excepto que la mayoría de nosotros quizá debamos usar fotos en las que estemos al volante de un todoterreno mientras bebemos una taza de café tibio de un establecimiento de comida rápida mientras hablamos por el altavoz con la tintorería. No es tan genial, pero es mucho más real[3].

Igual pasa con nuestro liderazgo. Es probable que no necesitemos ser ostentosos mañana... pero de seguro que necesitamos ser fieles.

RESCATADOS DE LA ESCRITURA

Hasta los líderes en la Escritura pueden caer en la tentación de elegir lo sexi en vez de lo estable. Por ejemplo, Pablo, el líder franco y combativo. ¿Cuántos libros, sermones y discusiones ha generado?

Entonces, considera a su compañero, Bernabé. No aparece mucho en el Nuevo Testamento. Sabemos poco acerca de lo que decía, escribía o pensaba. No discutimos acerca de su teología, porque, bueno, ¡no la conocemos en realidad! No era ostentoso ni controvertido. La verdad sea dicha, Bernabé era aburrido. Parece que fue un hombre amoroso y alentador, pero sí, aburrido también. Una idea tardía de las Escrituras.

Sin embargo, sus contemporáneos en la iglesia primitiva lo amaban, lo admiraban y daban gracias a Dios por él. Me sospecho que las jornadas misioneras de Pablo a través del Mediterráneo hubieran sido muy diferentes de no haber sido por Bernabé, siempre

---

3 Revelación completa: Soy en gran medida poco fenomenal y perfectamente satisfecho con eso. Ahora, mi escritor colaborador, David, debe ser bastante genial, pues se pasa mucho tiempo en cafeterías. Me pregunto si tiene una camisa de veinteañero y un tatuaje.

a su lado, animándolo y alentándolo. Bernabé era aburrido, pero a veces aburrido no solo es bueno, ¡es primordial!

LECCIONES DE LA CHATARRERÍA

Es probable que no necesitemos ser ostentosos mañana... pero de seguro que necesitamos ser fieles.

A veces aburrido no solo es bueno, ¡es primordial!

20

LAS PERSONAS PERFECTAS SON PÉSIMOS LÍDERES

Si intentas liderar al ser perfecto, te decepcionarás a ti mismo y a quienes confían en ti.

A los dieciséis años, mis amigos pensaban que yo sabía arreglar autos. Era razonable. Había vivido la mayor parte de mi vida alrededor de automóviles. Sin embargo, lo que mis amigos no consideraban era que la habilidad más valorada en una chatarrería no era arreglar autos, sino *desguazarlos*. Los que los arreglaban eran nuestros clientes.

Así que podría *sacarles* las piezas a los autos bastante bien... ¡y luego podría mirar la montaña de piezas y preguntarme cómo volver a armarlo todo! Como cuando tenía diecisiete años y compré una camioneta Datsun en ruinas en una subasta de automóviles. La conduje a casa y de inmediato comencé a quitarle el interior. No tenía un plan específico, pero sabía que el interior era feo, así que tenía que hacerlo si quería verme genial conduciéndola[1]. Tío George (el infame que hizo añicos la radio) pasó por casualidad mientras yo estaba en medio de mi proyecto. «Típico Goble», comentó. «Se compra un auto nuevo y en seguida tiene que destrozarlo».

---

1 Y, a pesar de haber escrito antes acerca del valor de ser aburrido, y a pesar de que la camioneta era una Datsun vieja y fea, yo *quería* lucir genial al conducirla.

Resulta que tenía razón. Nunca pude terminar el interior. Y el próximo verano la conduje con un amigo hasta Alaska con los asientos desatornillados del piso, lo cual era fantástico cuando parábamos en los campamentos; ¡éramos los únicos que teníamos un lugar cómodo donde sentarnos junto a la fogata! Absurdo, sí, pero inolvidable.

Lo que quiero decir con esto es que los líderes necesitan estar dispuestos a intervenir y tratar de resolver las cosas, aunque esto resulte en fracaso. Intentar solo las cosas en las que no podemos fallar es una receta para la mediocridad.

Esa lección era parte del ADN empresarial de mi padre. Papá nunca dejó que la perfección se interpusiera en la productividad en la chatarrería. Entonces, si debías hacer algo, tenías que echarte grasa en las manos y tratar de resolver. No existía un proyecto atrasado porque «nadie sabía cómo hacerlo». Si sabíamos, lo hacíamos, y si no, aprendíamos en el proceso. No importaba si nadie sabía sacar la transmisión de un Mercedes sin destruirla... o aprendías o la destruías en un millón de pedazos. De cualquier manera, la perfección nunca pudo interponerse en la productividad.

Un año, los empleados de varias chatarrerías en el área se reunieron para un día de campo. Teníamos todos los elementos de una hermosa tarde en el parque: la deliciosa carne asada estaba en los hornos, el sonido de los motores mientras todos llegaban, montones de papitas fritas y cerveza. Mucha cerveza.

Para que el tiempo fuera más divertido para todos, había juegos. Sin piñatas ni carreras de saco, sino juegos para hombres de chatarrerías. En uno de ellos, los jugadores competían para sacarle el cristal a una puerta, y el cristal tenía que quedar intacto. En la primera ronda, uno de nuestros hombres (al que llamaré «José») terminó en segundo lugar. Todos estábamos estupefactos, porque José podía sacar cualquier pieza de cualquier auto en treinta segundos. Sin embargo, su competencia se había aprovechado de una zona gris en el reglamento: Cortó en tiras el interior del panel para llegar más rápido al cristal. José sacó el panel con mucho cuidado, como lo hubiera hecho en el taller de mi papá, puesto que allí podía revenderse.

Aun así, el segundo lugar de José fue suficiente para ganarse un viaje en la ronda final. La próxima vez, *destruyó* por completo el panel de su puerta y sacó el cristal, recibiendo una victoria aplastante. No era perfecto, el panel interior de la puerta estaba hecho trizas, pero fue rápido y eficiente, y el trabajo quedó hecho.

Hay otra razón por la cual los líderes perfectos decepcionarán: Tratar de ser perfecto es extenuante. Como es obvio, la perfección es lenta y, *a veces*, esto es bueno. Claro que quiero que mi cardiólogo se tome su tiempo y se fije en todos los detalles. Aun así, por cada operación de corazón que necesita ser perfecta, hay incontables tareas y situaciones diarias en las cuales tratar de ser perfectos es increíblemente agotador. Los líderes perfeccionistas se desgastan, y decepcionan a todos los que dependen de ellos... y sus seguidores se desgastan con más rapidez tratando de seguirles el paso.

Así que quita el pie del acelerador por un momento. No es el fin del mundo si no sacas notas de sobresaliente cada vez que tratas de hacer algo.

Recuerda, muchas veces los líderes perfectos están cansados y logran mucho menos que los líderes que aprenden de los demás, y de sus propias imperfecciones.

RESCATADOS DE LA ESCRITURA

Entonces, ¿es esto una contradicción de la Biblia? Jesús nos llama a ser perfectos: «Sean perfectos, así como su Padre celestial es perfecto» (Mateo 5:48), y Goble nos dice que no nos preocupemos si no somos perfectos.

Quizá. Siempre estoy atento a la posibilidad de no tener la cabeza bien puesta.

Sin embargo, piensa en esto. Unos capítulos más adelante en Mateo, vemos al joven rico venir a Jesús. Este hombre vive muy confiado de que está haciendo todo lo bueno. Todo lo *perfecto*, como cumplir las leyes y demás. Jesús, en cambio, ve la imperfección en lo que, por fuera, *parece* ser una vida perfecta. Y como líder amante, lo desafía con sinceridad directa:

«Si quieres ser perfecto, anda, vende lo que tienes y dáselo a los pobres, y tendrás tesoro en el cielo. Luego ven y sígueme» (Mateo 19:21).

El hombre se va triste, y Jesús se vuelve a sus discípulos y les comenta: «Les aseguro que es difícil para un rico entrar en el reino de los cielos. De hecho, le resulta más fácil a un camello pasar por el ojo de una aguja que a un rico entrar en el reino de Dios» (versículos 23-24).

Los discípulos están pasmados. Espera, ¡este hombre era rico y perfecto! Si él no puede entrar al cielo, ¿quién puede? Y un camello por el ojo de una aguja, ¡¿en serio?!

Jesús les responde: «Para los hombres es imposible, mas para Dios todo es posible» (versículo 26).

Esta es la clave. No vamos a salvarnos a nosotros mismos. No *podemos* salvarnos a nosotros mismos. No podemos ser líderes perfectos, igual que no podemos volver a poner las piezas en su lugar en aquella vieja camioneta Datsun.

¿Pero puede Dios? Ahora la historia cambia. De pronto, nos damos cuenta de que nuestras imperfecciones significan que debemos andar en humildad. Sabemos que no somos tan buenos como queremos que otros piensen que somos, y estamos profundamente agradecidos por la gracia. Sí, Jesús nos llama a vivir vidas de perfección, ¡pero también aclara que eso ni siquiera es posible!

Necesitamos que Dios nos ayude y nos guíe. Y cuando Dios nos guía, estamos en mejores condiciones de guiar a otros. ¿Quieres ser buen líder? Renuncia a la perfección y enfócate más en

Dios. No solo serás mejor líder, quizá logres aprender cómo rehacer el interior de una camioneta Datsun.

LECCIONES DE LA CHATARRERÍA

Intentar solo las cosas en las que no podemos fallar es una receta para la mediocridad.

Los líderes perfeccionistas se desgastan, y decepcionan a todos los que dependen de ellos... y sus seguidores se desgastan con más rapidez tratando de seguirles el paso.

Necesitamos que Dios nos ayude y nos guíe. Y cuando Dios nos guía, estamos en mejores condiciones de guiar a otros. ¿Quieres ser buen líder? Renuncia a la perfección y enfócate más en Dios.

21 PREGUNTAS A LÍDERES JÓVENES (Y TONTOS)

Con demasiada frecuencia, tratamos de influir en la próxima generación con principios elevados y técnicas de gestión complejas cuando lo que de veras se necesita son preguntas simples que obliguen a los líderes jóvenes a evaluar tanto su desempeño como sus objetivos.

Dios, en su infinita sabiduría y gracia, nos da múltiples señales de advertencia de que estamos envejeciendo. Nuestros hijos salen de la casa para ir a la universidad, por ejemplo, o nos comienzan a crecer pelos extrañamente largos en las orejas.

También hay otra señal: Los líderes más jóvenes comienzan a pedirte que seas su mentor. Me parece que una vez al mes, más o menos, otro líder joven e inteligente me pide que sea su mentor[1].

A pesar de mi maltrecha reputación, digo que *sí* una sorprendente cantidad de veces. Sé muy bien lo que es querer un mentor, necesitar un mentor y no encontrarlo. Nunca esa relación me resultó tan beneficiosa como cuando era joven, de veinte a treinta años. (Sé lo que estás pensando. *En realidad, ¿se lo pediste a alguien?* Sí. Es más, a mucha gente, todos dijeron que no, lo cual te dice algo de cómo era yo entonces).

---

[1] O si se andan con rodeos, dicen algo como «¿Podríamos salir alguna vez y hablar de cosas?». Vaya, milénicos.

Mi padre fue mi mentor, por supuesto, desde que me asocié con él justo después de la universidad hasta que murió veinticinco años después. Él influyó de manera profunda en el curso de mi vida. Y de alguna manera, mi hermano mayor también fue mi mentor. Sin embargo, la familia es diferente. Tener un mentor que no comparta tu ADN es en extremo valioso. Un buen mentor te puede evaluar de forma que tú nunca podrías hacerlo por ti mismo.

Así que estoy de acuerdo con ser mentor de un líder joven, y casi siempre es muy divertido. Nos reunimos a tomar café, damos una caminata por las montañas o nos tomamos una cerveza. El mes pasado, ¡incluso tuve una competencia de tirar hachas con uno de ellos! En ocasiones, la conversación puede ser desagradable, y a veces un fastidio para mi calendario, pero el gozo de enseñar tiene mucho más peso que las experiencias negativas.

Parte de eso se deriva de las cinco reglas de tutoría que sigo. Estas establecen el tono antes de la primera reunión, lo que detiene los problemas antes de que comiencen:

1. No me mientas o te destruiré.
2. Toma mi consejo, dame una buena explicación de por qué no lo haces o deja de hacerme perder el tiempo.
3. Sé vulnerable acerca de la ayuda que necesitas en realidad, y ven preparado con preguntas y respuestas reflexivas... o al menos trae una botella de buen vino.
4. No faltes a una de las citas a menos que muera alguien[2].
5. Puedo preguntarte lo que quiera. No hay preguntas prohibidas. Acéptalo.

---

[2] Los gatos y otras mascotas no cuentan. Estoy hablando solo de miembros de la familia, y los perros, como es obvio.

La idea básica detrás de todas estas reglas es que ninguno de los dos pueda ocultarse bajo evasivas o sandeces, y que ambos enfrentaremos preguntas y respuestas difíciles. Esto significa que el aprendiz puede tomar en serio cualquier cosa que el mentor le diga, bueno o malo, porque confía en que el mentor tiene de corazón sus mejores intereses, lo que en este contexto significa que «crezca como líder».

RESCATADOS DE LA ESCRITURA

Esta dinámica la podemos ver en acción en un capítulo del Evangelio de Mateo.

Jesús actúa como mentor para Pedro, y como Pedro es un testarudo, necesita que Jesús le dé un poco de todo. Así que, Jesús está hablando con Pedro en Mateo 16, y le dice lo bendecido que es... ah, y por cierto, Pedro será el fundamento de la iglesia, y Jesús le dará las llaves del cielo. ¡Esta es una afirmación seria! Y la simple pregunta para Pedro se convierte en *¿Estás listo?*

Sin embargo, no pasa mucho tiempo antes de que Jesús reprenda a Pedro, diciéndole que está interfiriendo con la misión de Jesús... ah, y por cierto, lo compara con la peor cosa del universo, que es Satanás. Y la simple pregunta para Pedro se convierte en *¿De qué lado estás tú aquí?*

Eso es lo que hacen los mentores. Te afirman y te hacen sufrir, y los buenos aprendices toman ambas cosas en serio.

Jesús fue el más extraordinario maestro y líder, en gran parte porque nunca tuvo miedo de hacer preguntas difíciles y prácticas a sus líderes jóvenes y tontos.

¿Y qué hay de nosotros? ¿Estamos dispuestos a ser mentores? Si es así, ¿estamos dispuestos a hacer esas preguntas simples y serias en extremo?

LECCIONES DE LA CHATARRERÍA

Un buen mentor te puede evaluar de forma que tú nunca podrías hacerlo por ti mismo.

Jesús fue el más extraordinario maestro y líder, en gran parte porque nunca tuvo miedo de hacer preguntas difíciles y prácticas a sus líderes jóvenes y tontos.

22
LOS SILOS

A veces los silos, divisiones o personas independientes de tu organización, son con exactitud lo que debes crear y proteger.

Lo importante del golf es que, a menos que seas muy bueno, es probable que debas detenerte después de los primeros nueve hoyos. Las cosas siempre se ponen un poco locas tras jugar por demasiado tiempo.

Mi problema es que no soy ni muy bueno ni muy listo, y soy testarudo, por eso sigo. Mi juego empeora cada vez más, pero he descubierto que la conversación mejora cada vez más. Después de perder dos golpes en una trampa de arena en el hoyo catorce, la gente está tan cansada del estúpido juego que está dispuesta a hablar de *cualquier cosa* menos de golf.

¡Hasta de silos organizacionales![1]

—Hoy en día la gente condena los silos —dije, esperando que los dos pastores con quienes jugaba estuvieran tan aburridos de jugar golf como yo—. Todo es liderazgo integral de equipo aquí e integración organizacional allá. Todo el mundo detesta cuando la mano izquierda no sabe lo que hace la otra, ¿no creen?

---

1 Por cierto, trabajo mucho en Belice, donde hay cientos de islas y atolones, pero casi ningún silo. Así que si te encuentras en Belice y necesitas explicar este concepto, refiérete a las islas, no a los silos.

—Cierto —dijo uno—, ¿y debo suponer que ahora viene un "pero"?

—*Pero* todo el que odia los silos no ha captado el punto más importante. A veces, los silos son importantes y necesitamos que haya más.

Uno de los pastores suspiró tan alto que lo pude escuchar desde el otro lado de la calle.

—¡Ignóralo! —le gritó al otro pastor—. Siempre dice cosas así para mortificarnos.

De acuerdo, puede que sea verdad, pero no ha captado el punto importante. De veras que pienso que los silos se subestiman.

Todos sabemos las cosas malas que pueden causar los silos. Cuando las organizaciones crean departamentos independientes, sellados (silos), estos departamentos tienden a pensar solo en sus propias responsabilidades. Como resultado, hacen poco para ayudar a otros sectores de la organización. Pueden convertirse en una carrera de cada departamento por sí solo, aun cuando esto quiera decir que la organización en su totalidad, sufre. Por lo tanto, los silos se desvanecen a pasos agigantados a medida que los líderes intentan prevenir esta manera de pensar peligrosa y miope.

Sin embargo, como todo principio de liderazgo accesible, *destruir los silos solo es una buena idea hasta que deja de serlo*[2].

Resulta que los silos pueden ser buenos, apropiados, útiles y sabios. El hecho de que algunos silos sean malos no nos lleva a la conclusión de que todos los silos son malos.

Es como mis años de infancia en la chatarrería. ¡Mi padre se aseguró de que *yo* permaneciera dentro de un silo!

Como es obvio, no quería que usara una antorcha de acetileno a los seis años. Tampoco quería que estuviera escuchando a los hombres del taller hablar acerca de su vida sexual. Para los trabajadores, estos eran los riesgos laborales de trabajar en la chatarrería, pero él quería protegerme tanto como le fuera posible.

---

[2] Incluyendo los de este libro... no lo olvides.

Por otra parte, ¡también tenía que proteger a los trabajadores de mí! Sabía que podía arruinar las cosas muy rápido. Podría romper una pieza valiosa en mi prisa por sacarla de un auto o podría, de manera hipotética, estrellar el camión del patio contra un poste. (*Sigo* afirmando que la dirección se rompió, aunque me costó mucho explicar por qué la dirección funcionaba bien después del accidente).

Así que mi silo en la chatarrería fue la decisión apropiada. El hecho de pasar por una serie de tareas insignificantes (pero bastante seguras) me puso un freno, incluso mientras maduraba. Subía y bajaba por los estantes que contenían innumerables neumáticos usados, por ejemplo, con mi rotulador color amarillo brillante para indicar los tamaños. O buscaba entre una enorme pila de tapacubos individuales, averiguando combinaciones que pudiera unir y colgar en una pared de exposición.

Esos eran trabajos que nadie quería hacer. Me mantenían ocupado, me enseñaron a trabajar y contribuía, aunque de manera pequeña, al negocio familiar.

La misma sabiduría se aplica a mucho más que a niños en una chatarrería. Admiro a las organizaciones bien dirigidas que emplean personas y programas con gente buena y consciente del objetivo común y útil, aun si su enfoque es solo interno. La palabra clave es *enfoque*. Los silos son maravillosos para mantener a los equipos y a los individuos concentrados en una tarea o un proyecto específico. Las paredes de tal silo definen las expectativas, proveen oportunidades para la retroalimentación directa y estimulan la responsabilidad común. En un silo hay menos conversación improductiva y los empleados no están obligados a asistir a tantas reuniones que les hacen perder tiempo. En resumen, los silos pueden estimular más claridad y productividad.

Esto quizá sea *justo* lo que necesita un líder.

Permíteme ser claro como el agua: No siempre los silos son buenos. Por ejemplo, pueden limitar el crecimiento, y las organizaciones que cooperan a través de las líneas organizativas, a menudo muestran una nueva energía y creatividad. Mi opinión positiva acerca de los silos no describe organizaciones con un líder dominante o tiránico, ni culturas donde todos solo tratan de protegerse a sí mismos. Esas situaciones no son de admirarse.

Sin embargo, hay algo curioso acerca de los silos: Si cambiamos la palabra y usamos *límites*, ¡de pronto a todo el mundo les gustan! Sí, hay una diferencia entre los dos, pero es muy sublime. Los líderes inteligentes necesitan reconocer que a veces los silos tienen un verdadero valor. No los descartes en general sin evaluar su papel específico dentro de tu organización.

RESCATADOS DE LA ESCRITURA

Pablo era Saulo, y cuando Pablo era Saulo, era un hombre muy malo. Su idea de diversión por las tardes era ver que se apedreaban a uno o dos cristianos. Entonces, después que Saulo se encontró con Jesús en el camino a Damasco y repensó radicalmente sus elecciones de vida, la iglesia cristiana en Jerusalén se mostró escéptica, por decir lo menos. Saulo (ahora Pablo) sugirió: «Eh, vamos, ¡prediquemos juntos el evangelio!». Y la respuesta de la iglesia fue: «Sí... no».

A pesar de eso, la iglesia no podía echar a un lado la posibilidad de la transformación de Pablo. Tenían que arriesgarse con él. Era un riesgo alto, por supuesto, pero con recompensas aún *más* altas. Se trataba de un líder con talento y carismático. Y la iglesia mandó a Pablo a un año sabático (o tres o más) para que pudiera entender quién era en Cristo y cómo podía ministrar. (Y también asegurarse de que no estaba todavía loco ni con tendencias de suicidio).

En esencia, la iglesia de Jerusalén puso a Pablo en un silo, permitiéndole viajar por el Mediterráneo, y perfeccionar su mensaje y teología. Esto sucedió mientras que Pedro y la iglesia de Jerusalén hacían lo que tenían que hacer. Pablo comprendió el evangelio de manera nueva y más enfocada a los gentiles porque salió de los confines de Jerusalén. A la larga, Pablo y Pedro se reunieron. Hubo palabras duras, discusiones y reconciliaciones... pero tú mismo puedes leer acerca de esto[3].

Lo importante es que el mundo del primer siglo se viró al revés, para bien, por este enfoque de silo... y dos mil años después, nosotros somos los beneficiarios.

LECCIONES DE LA CHATARRERÍA

El hecho de que algunos silos sean malos no nos lleva a la conclusión de que todos los silos son malos.

---

[3] Discutir sobre los compañeros de viaje, o con quién cenar, era complicado en la estructura social del primer siglo. Bernabé y Pablo no estuvieron de acuerdo con Juan Marcos en Hechos 15 (versículos 36-41), ni Pedro y Pablo estuvieron de acuerdo sobre con quién comer. ¿Hubo reconciliación? Tal vez. Pedro se refiere a esto en 2 Pedro 3:14-16 y Pablo en Gálatas 2:11-19.

23
LA ESCUELA DE AJUSTES DE RIESGOS

Nuestra aversión al riesgo nos hace hacer cosas tontas para «estar a salvo»... y nos impide hacer cosas importantes que no son seguras.

Hemos *ido* demasiado lejos con toda la protección que hemos tratado de agregarle a nuestra vida. Queremos estar a salvo. *Necesitamos* que nuestros hijos estén a salvo. Idolatramos la seguridad, y hemos redefinido al mundo para que signifique *la prevención de experiencias negativas.*

Considera esto por más de una milésima de segundo y lo absurdo que resulta. La llamada seguridad es imposible, por supuesto. No es posible de manera física, mental y emocional, ni de ninguna otra manera. Nos fracturamos un brazo jugando deportes. Un profesor desafía nuestras presunciones. Las parejas rompen relaciones. Los jefes nos gritan. Nuestros colegas nos molestan. Y muchas otras cosas desagradables que no podemos controlar, como los fuegos, el cáncer y las guerras.

La vida no es segura ni lo será jamás. Pretender lo contrario es una mentira. ¿El ejemplo más obvio? El sexo sin riesgo... ¿existen palabras más contradictorias?

Hace poco, di una breve charla y narré una divertida historia de la chatarrería. Es demasiado peligrosa para este libro, sí, veo la ironía, pero se trataba de no ser débiles, arremangarnos, llenarnos las manos de grasa y afrontar los desafíos[1]. Era una historia acerca de arriesgarse, cómo tratar de mantenerse «seguros» es el quehacer de un necio y de qué manera la búsqueda de una falsa seguridad no nos *permite* hacer cierto tipo de bien.

Después, durante una sesión de preguntas y respuestas, uno de los hombres en el auditorio hizo una pregunta.

«Roy, me gusta lo que dices sobre el riesgo... ¿puedes darnos ideas específicas de cómo puedo romper la burbuja de riqueza en la que viven mis hijos?».

Resoplé. (Un resoplido mental, desde luego. No soy tan maleducado). Él entendió mi mensaje, y quería sacar a sus hijos de la burbuja y permitir que viniera más riesgo a sus vidas, *pero quería hacerlo con seguridad.* Es como querer aprender a nadar sin mojarse.

Cuando cumplí dieciséis años y recibí mi licencia de conducir, fui con un amigo desde San José hasta Arizona. No teníamos cinturones de seguridad, teléfono, tarjetas de crédito ni un plan definido. A mitad del camino, paramos para pasar la noche en un hotel de la carretera. Pasamos varios días con nuestro amigo en Arizona, y volvimos a casa. Ni una sola vez llamé a mis padres. La ausencia de malas noticias son buenas noticias, ¿verdad?

Levanta la mano si permites que tu hijo de dieciséis años haga eso. ¡Levanta la mano si eres un adulto y, aun así, no considerarías hacerlo!

Este es el asunto. La seguridad se ha sobrevalorado. Claro que tiene su lugar. Los cinturones de seguridad salvan vidas. Es bueno prohibirles a las fábricas que echen cancerígenos en los ríos. Sin embargo, cuando nos obsesionamos con la seguridad (o al parecer prevenimos cualquier tipo de experiencia negativa), el daño es más duradero. Deseamos de manera apasionada sentirnos vivos, pues nos hemos refugiado en vidas de esterilidad envueltas en burbujas.

---

[1] No. Ni siquiera puedo decírtelo en la nota a pie de página. Tal vez si nos tomamos una copa de vino alguna vez, y mi editor no se entera.

Te presento un ejemplo de la iglesia. He oído a la gente darme *verdaderas* excusas para no llevar a sus hijos, o ir ellos mismos, en un viaje misionero a un país en desarrollo, y aprender y servir. Pueden estar asustados. Es posible que sufran un desfase horario grave y se les interrumpa su horario de sueño. Pueden morderlos insectos o contraer un virus. Pueden sufrir graves quemaduras solares.

¿Sabes qué? Puede que sí. Quizá tú también. Sin embargo, ¡hazlo de todos modos!

Necesitamos escuelas especializadas en riesgos, incertidumbre y un ocasional peligro. No necesariamente escuelas en el sentido literal de la palabra, desde luego, más bien oportunidades que nos enseñen cómo, cuándo, dónde y por qué *establecer relaciones con personas que son diferentes a nosotros.* Entonces, la vida será mucho menos acerca de lugares *seguros* y mucho más acerca de lugares *buenos.* La sobrevaloración de la seguridad siempre pondrá frenos a nuestro servicio y compromiso. Si la seguridad se convierte en la fuerza motriz (o solo existe como un eco constante en nuestra mente), nunca soñaremos lo suficiente, iremos lo suficiente lejos ni nos arriesgaremos lo suficiente para hacer todo lo que podamos por esos a quienes Dios ama[2].

Si quieres ser líder, mejor que sepas aceptar el riesgo. Cultivar un ambiente donde el riesgo sea una parte normal de nuestras tareas diarias te desafiará a ti y a tu equipo. Algunos se cansarán y hasta te abandonarán. Te extenderás de formas que no habías considerado. No obstante, avanzarás a través de la escuela de aprendizaje y crecerás en tus habilidades para lidiar con el riesgo.

Fíjate, si estás en el liderazgo, no te queda más remedio que estar en una posición insegura.

Sin embargo, ¿no es emocionante sentir que para ganar nos tenemos que arriesgar? Los líderes lo hacen muy a menudo, y los líderes buenos de verdad se crecen en el gozo que esto les da. No que sea la sensación del jugador cuando tira los dados, pero sí *hay* un

---

2 Por cierto, ¡esto sucede en nuestras iglesias también!

poco de eso en nuestra pasión de ser líderes. Hasta un líder reacio, lo cual yo mismo he sido una que otra vez, encuentra satisfacción en arriesgarse por los motivos adecuados.

Lo más importante es el riesgo del Reino. En nuestro negocio, iglesia y familia, el riesgo del Reino es lo que nos traerá la recompensa del Reino. Descubriremos, y tomaremos parte en crear, la bondad, la transformación y el amor. Cuando nos graduemos de la escuela de ajustes de riesgo, habremos aprendido a vivir por fe, no por miedo.

He aquí la forma más simple que tengo para decirlo. Deja de idolatrar la seguridad (¡o la «Seguridad»!) y comienza a adorar a Dios. Cumple con el mandato de amar a tu prójimo. Te garantizo que te sucederán cosas maravillosas. No seguras, sino increíbles. Y muy buenas para transformar la vida de manera profunda.

Queremos tenerlo todo, pero no podemos. Romper la burbuja o estar a salvo, escoge una. Y recuerda, que si escoges la «seguridad», tampoco la podrás garantizar.

RESCATADOS DE LA ESCRITURA

Casi todos conocemos al león que más habla de Jesús en la historia: Aslan. En los libros de Narnia de C.S. Lewis, Aslan es un tipo de Jesús, o al menos nos muestra cómo sería Jesús si estuviera andando y hablando con la gente de Narnia, y no en la tierra. En *El león, la bruja y el ropero*, el Sr. Castor hace este comentario acerca de Aslan:

> —¿Peligroso? —dijo el Castor—. ¿No oyeron lo que les dijo la señora Castora? ¿Quién ha dicho algo sobre peligro? ¡Por supuesto que es peligroso! Pero es bueno. Es el Rey, les aseguro[3].

---

3 C.S. Lewis, *El león, la bruja y el ropero*, Editorial Andrés Bello, Chile, 1991, p. 46.

Lo irónico es que pintar a Aslan como peligroso, pero bueno, es más seguro que pintar a Jesús de igual manera. En los libros de Narnia, los personajes son quienes lo arriesgan todo por seguir a Aslan. Nuestro peligro como lectores es solo indirecto.

El verdadero Jesús es explícito acerca del riesgo de seguirle. Lee sus palabras en los Evangelios. Si lo seguimos, nos perseguirán. Las familias se separarán. Puede que hasta nos llamen a dar nuestras vidas mismas. Tendremos aflicción. ¡Esa es la promesa de Jesús!

Parece una nube negra sin ninguna luz de esperanza.

No obstante, esa es una de esas tensiones que vemos en el corazón del evangelio. En Juan 16:33, después de alertar a sus discípulos acerca de estos mismos riesgos, Jesús les dice: «Yo les he dicho estas cosas para que en mí hallen paz. En este mundo afrontarán aflicciones, pero ¡anímense! Yo he vencido al mundo».

La paz es diferente a la seguridad. El Dios que seguimos nunca promete seguridad, pero sí promete una paz que sobrepasa todo entendimiento. Eso es lo que debemos recordar con exactitud al enfrentar el riesgo.

LECCIONES DE LA CHATARRERÍA

La vida no es segura ni lo será jamás. Pretender lo contrario es una mentira.

Si la seguridad se convierte en la fuerza motriz (o solo existe como un eco constante en nuestra mente), nunca soñaremos lo suficiente, iremos lo suficiente lejos ni nos arriesgaremos lo suficiente para hacer todo lo que podamos por esos a quienes ama Dios.

Si estás en el liderazgo, no te queda más remedio que estar en una posición insegura.

24

EL *LIDERAZGO* COMO UNA PALABRA CLAVE PARA EL *PODER*

El liderazgo se convierte en una palabra clave para el poder siempre que equiparamos el buen liderazgo con tener seguidores leales.

El culto al liderazgo está fuera de control.

De esto me di cuenta hace algunos años sentado junto a una buena amiga en una conferencia. Era la oradora principal, lo cual quiere decir que estábamos sentados en la primera fila en un centro de conferencias grande. Al organizador de la conferencia, un buen hombre que tiene años de experiencia en su campo, lo presentaron y todos lo aplaudieron.

En ese momento, mi amiga se inclinó hacia mí y susurró: «Le gusta un *poquito* estar demasiado en el escenario».

Quizá veas su comentario como un poco sarcástico acerca de nuestro anfitrión. Y de cierta manera, ¡lo era! No obstante, por otra parte, mi amiga tenía toda la razón. Yo conocía muy bien al organizador, y aunque de seguro es un buen hombre, también es cierto que le gustaba ser el centro de atención más de lo que debía. Me hizo pensar en los líderes que solo *dirigen* por el simple hecho de ser líderes reconocidos. Es como un efecto de caja de resonancia. Los líderes célebres son famosos por su liderazgo, lo que puede tentarlos, y a veces causarles, que se enamoren más de la fama y la atención que del liderazgo en realidad.

Más tarde en la conferencia, asistí a un taller donde este mismo señor habló acerca de las características fundamentales del liderazgo. Fue una sesión bastante buena, aunque no muy estimulante en lo particular. Luego, me puse a pensar en algunos de los puntos clave que señaló, y me sorprendió lo fácil que fue reemplazar cada instancia de la palabra liderazgo en su charla por la palabra poder.

Ahí fue cuando me di cuenta de veras: Muchos confunden el liderazgo con el poder.

Estos ven la oportunidad de ser líderes célebres, en el escenario, recibiendo los aplausos, como una oportunidad para ganar poder e influencia.

Si eres líder en *cualquier* nivel, abundan las pruebas. Los discursos en conferencias y graduaciones les dan a algunos una plataforma para darle brillo a sus propias credenciales, mientras que inspiran (o aburren) a la «próxima generación de líderes». Los autores nos dan cucharadas de acrónimos y números que, como por arte de magia, producen un liderazgo eficaz. Los seminarios pretenden desatar el líder dentro de nosotros. Los innovadores de pensamiento empaquetan sus tuits y sus perogrulladas, esperando triunfar con su próximo libro acerca del liderazgo[1].

No obstante, y vuelvo a decir esto para hacer énfasis en este punto, muchos líderes igualan el *liderazgo* con el *poder*, y esto trae consecuencias muy serias.

Verás, muchos tenemos un deseo comprensible de «llevar las cosas al siguiente nivel». ¿Quién no querría mejorar? Sin embargo, eso hace que muchos de nosotros, y nuestras organizaciones, estemos demasiado ansiosos de inclinarnos para besar los pies (y a veces el trasero) del último y más grande líder. Queremos lo que tienen ellos. Y eso es un problema grandísimo[2].

---

1 ¡Ay! Culpable.

2 Tan grande que estoy escribiendo una lección de dos partes sobre esto. En un capítulo posterior, comento más sobre el liderazgo y el poder en lo que respecta a la iglesia.

Centrarse en el liderazgo no es dañino en sí mismo. El problema está cuando el liderazgo se convierte en la *única* cosa en la que nos centramos. Sí, vale la pena elogiar el buen liderazgo. *Claro* que sí. En cambio, y esta distinción es vital, ni el *buen* liderazgo vale la pena idolatrar. Después de todo, el buen liderazgo puede ayudar a la gente, y a las organizaciones, a florecer y crecer. Para eso estamos aquí. Sin embargo, como cultura, hace rato que atravesamos la línea entre elogiar el liderazgo e idolatrarlo.

Dicho de otro modo, nuestra sociedad está obsesionada con los líderes poderosos. Y como nosotros deseamos la misma admiración, disfrazamos nuestra búsqueda de poder con el lenguaje del liderazgo. Muy a menudo se exalta el liderazgo a costa de otros valores personales y organizativos, como la sabiduría, el amor, el gozo, la transformación, la paciencia y el servicio.

En realidad, liderar significa servir. Liderar a menudo significa dejar el poder de forma voluntaria. Es difícil, nadie nos lo agradece, y de seguro que no es para los haraganes. Cualquiera de nosotros puede verse tentado a buscar el poder y disfrazarlo como liderazgo, por eso todos necesitamos buscar a quien rendir cuentas y practicar la humildad.

RESCATADOS DE LA ESCRITURA

Aquí tienes una historia acerca del poder disfrazado como «liderazgo», protagonizada por dos de nuestros discípulos favoritos: Jacobo y Juan.

> Como se acercaba el tiempo de que fuera llevado al cielo, Jesús se hizo el firme propósito de ir a Jerusalén. Envió por delante mensajeros, que entraron en un pueblo samaritano para prepararle alojamiento; pero allí la gente no quiso recibirlo porque se dirigía a Jerusalén. Cuando los discípulos Jacobo y Juan vieron esto, le preguntaron:

—Señor, ¿quieres que hagamos caer fuego del cielo para que los destruya?
Pero Jesús se volvió a ellos y los reprendió. Luego siguieron la jornada a otra aldea.
LUCAS 9:51-56

¡Qué locura! Es como si estuvieras paseando con tus hijos y le silbaras a un perro que está echado en la acera delante de ti. En lugar de acercarse a ti para que le des una buena caricia, se escapa. A lo que uno de tus hijos responde: «¿Quieres que vaya a darle un puñetazo a ese cachorro en la cara unas cuantas veces?».

¡¿Qué?! ¡No! *Pero Jesús se volvió a ellos y los reprendió*... cuánto no hubiera dado por tener grabado *ese momento*. Ahí está el Señor, caminando con decisión hacia su propia muerte, y los discípulos, a quienes les viene enseñando por tres años, quieren arrasar con un pueblo solo porque no pudieron pasar allí la noche.

Las Escrituras están llenas de líderes que usaron sus posiciones de liderazgo para acumular poder personal. Confundir ambas cosas es una tentación que afrontamos todos. Discípulos, pastores, chatarreros... evitar que nuestros mejores instintos de servicio se corrompan en un afán de poder es una batalla interminable.

LECCIONES DE LA CHATARRERÍA

Muchos confunden el liderazgo con el poder.

Centrarse en el liderazgo no es dañino en sí mismo. El problema está cuando el liderazgo se convierte en la única cosa en la que nos centramos.

25

BÁJATE DE TU PEDESTAL ANTES DE QUE LO TUMBEN

Los líderes deben liderarse a sí mismos antes de aceptar ciegamente el liderazgo de otros.

En el capítulo anterior sugerí que la obsesión de nuestra cultura en el liderazgo es a menudo una obsesión de poder, pero esta historia de la chatarrería me recuerda que lo que a veces consideramos «poder» no siempre es lo que se necesita para un liderazgo eficaz.

En la chatarrería había dos puestos clave: los empleados del mostrador que interactuaban con los clientes y vendían las piezas, y los que trabajaban en el depósito organizando los autos destrozados y sacándoles las piezas. La mayor parte del poder recaía sobre el que estaba en el mostrador del frente. Ese era el lugar donde los clientes hacían su primer contacto con nosotros, se cobraba y trabajaban los más inteligentes (o al menos los más presentables socialmente).

Ahora bien, los que estaban en el mostrador podían ser bien groseros con los del depósito. No que les durara mucho la actitud, pues el jefe les mostraba la puerta de inmediato, o los del depósito les hacían la vida imposible. Sin embargo, de vez en cuando pasaba. Dejaban que su poder relativo se les fuera a la cabeza.

Entonces, teníamos a Roberto, un empleado antiguo de mi papá. Cuando un cliente pedía una pieza por teléfono, Roberto iba al depósito y se aseguraba de que le encontraran la pieza adecuada y en buenas condiciones. Siempre era competente, pero no mandón. A todos en el depósito les encantaba trabajar con él porque sacaba una tonelada de trabajo sin drama, y se divertía en el proceso.

Callado, modesto y responsable por completo, Roberto era un líder modelo. Lo recuerdo con cariño silbando todo el día, casi siempre una canción mexicana que yo nunca había oído. Llegaba unos minutos más temprano todos los días y nunca se quitaba el mono de trabajo hasta que el último cliente se marchara y se cerrara el portón del frente. Su trabajo diligente y discreto era esencial para mantener la chatarrería funcionando sin complicaciones.

Todo el que trabajó con Roberto le tenía en muy alta estima. Roberto *era* líder porque los que trabajaban con él le escuchaban, lo respetaban y lo admiraban.

Cincuenta años más tarde, espero que los que tuvieron la dicha de trabajar con Roberto todavía lo recuerden. Yo lo recuerdo. Era un hombre de carácter fuerte, un católico fiel que amaba a su familia y su trabajo. Es más, Roberto fue el empleado ideal para mi padre, y uso estas palabras a propósito para mostrar lo fácil que es caer en nuestro falso paradigma de poder y liderazgo. ¿Se te ocurrió en algún momento pensar algo como: *¿Pero era* solo *un empleado?*

Es hora de mover el péndulo del liderazgo de los líderes célebres e impulsarlo hacia Roberto. Aquí te doy algunas ideas para hacerlo.

Primero, lo evidente: El carácter es primordial. Como me dijo un antiguo mentor de empresas: «Contrata al carácter, pues la competencia se puede enseñar». Un líder que no hace todo lo posible para desarrollar el carácter, fracasará a la larga[1]. Los líderes

---

[1] Mi amigo y colega Gayle Beebe escribió esto en su libro *The Shaping of an Effective Leader: Eight Formative Principles o Leadership*, IVP Books, Downers Grove, IL, 2011.

con carácter se resisten a que les pongan en un pedestal en vez de subir sobre otros para llegar.

Segundo, el liderazgo tiene que ver con la accesibilidad. A medida que la tecnología y el liderazgo se fusionan, esperamos que los líderes estén disponibles... o al menos disponibles *en potencia*. Mi amigo Bob Goff es experto en esto, y publicó su número de teléfono personal en la contracubierta de su superventas, *A todos, siempre*. ¡Contesta todas las llamadas! Dile que Roy te refirió, y maravíllate de su accesibilidad. Yo no soy tan valiente como Bob, pero sí puedes ponerte en contacto conmigo cuando quieras en roy@junkyardwisdom.com.

Tercero, mi idea final es más bien una esperanza. De algún modo, de forma individual o colectiva, necesitamos desarmar el sistema de sobrevalorar el liderazgo. Eso significa que como seguidores (y todos somos seguidores), debemos dejar de poner a los buenos líderes en pedestales falsos. ¿Cómo? Identificando con sinceridad las fortalezas y debilidades de un líder. Da miedo, sí, y es contracultural, pero hacerlo es un acto de amor.

Exhortemos a los líderes para que acepten su vulnerabilidad y afirmémosles cuando son vulnerables. Elogiemos la humildad.

RESCATADOS DE LA ESCRITURA

La Biblia nunca tiene temor de hablarle la verdad al poder. Desde los Salmos, los profetas del Antiguo Testamento hasta Pablo, llamar a contar al satisfecho es una parte integral de la interacción de Dios con la humanidad.

Jesús hizo lo mismo. Y para entender bien el sentido de los versículos que veremos a continuación, nos sería útil imaginar a Jesús de cierta manera. ¿Conoces el cuadro de la Escuela Dominical donde Jesús está de pie, con una oveja sobre los hombros, y mirando a la distancia como un adolescente en su foto del libro de las memorias? Ese *no* es el Jesús que actúa en Mateo 23.

Más bien, imagínate a Jesús con una sobredosis de adrenalina, arrancándole la cabeza a la oveja, y masajeándose la barba y el cabello rizado con la sangre hasta parecerse a un luchador de lucha libre psicótico (pero perfecto)[2].

Esa es una imagen más certera del Jesús que lanza esta granada verbal:

> ¡Ay de ustedes, maestros de la ley y fariseos, hipócritas! Les cierran a los demás el reino de los cielos, y ni entran ustedes ni dejan entrar a los que intentan hacerlo [...] ¡Serpientes! ¡Camada de víboras! ¿Cómo escaparán ustedes de la condenación del infierno? Por eso yo les voy a enviar profetas, sabios y maestros. A algunos de ellos ustedes los matarán y crucificarán; a otros los azotarán en sus sinagogas y los perseguirán de pueblo en pueblo. Así recaerá sobre ustedes la culpa de toda la sangre justa que ha sido derramada sobre la tierra, desde la sangre del justo Abel hasta la de Zacarías, hijo de Berequías, a quien ustedes asesinaron entre el santuario y el altar de los sacrificios. Les aseguro que todo esto vendrá sobre esta generación.
>
> MATEO 23:13, 33-36

¡Ay! Los maestros de la ley y los fariseos eran una partida de fanáticos religiosos, hambrientos de poder que trataban de pasar como líderes serviciales. Y Jesús les quitó el antifaz y los azotó con él.

Ay al doble... Yo también soy líder cristiano.

¿Cuál es la alternativa que nos da Jesús? Está en Filipenses 2:1-18, pero ese es un pasaje de la Escritura para otro libro.

---

2 Uy, lo siento si estás escuchando esto en un audiolibro, ¡los niños estaban en el auto!

LECCIONES DE LA CHATARRERÍA

Contrata al carácter, pues la competencia se puede enseñar.

Exhortemos a los líderes para que acepten su vulnerabilidad y afirmémosles cuando son vulnerables. Elogiemos la humildad.

26

¿ES CIERTO QUE HAY SOLEDAD EN LA CIMA?

Solo hay soledad en la cima si llegas allí de la manera indebida.

En esta etapa de mi vida, cuando he alcanzado suficiente éxito para que la gente piense que soy sabio; cuando soy lo suficiente sabio para saber que el éxito es fugaz; y lo suficiente viejo para haber pensado en esto intensamente, los líderes más jóvenes me hacen preguntas profundas. Hace poco, me reuní con uno de mis discípulos a comer unos sándwiches. Justo cuando mordí un bocado, me preguntó: «¿Diría usted que hay soledad en la cima?».

«Depende», logré contestarle mientras masticaba, «de cómo *llegaras* a la cima»[1].

Mucha gente define el liderazgo como una tarea individual. Una persona con visión reúne y dirige a otros para lograrla. Es fácil ver cómo ese líder, después de llegar a «la cima», puede sentirse solitario. Otros definen el liderazgo como algo más colaborativo. En este modelo, el líder actúa dentro del contexto de un equipo para desarrollar la visión, generar el consenso y avanzar. Aun

---

[1] Por cierto, la pregunta presupone que hay una cima a la que puede llegar el líder. No estoy seguro de que la haya. Los líderes sanos nunca piensan que han llegado a la cima... y siempre ven a Cristo allí.

en este modelo, el líder puede sentirse solo arriba. Al final del día, la colaboración tiene problemas para cruzar niveles en un organigrama, y la amistad aún más.

Cuando me preguntan cuál es el mejor modelo, siempre digo que depende. Todo está en el contexto. El liderazgo de equipo tiende a moverse con más lentitud, pero va más lejos; mientras que un individuo con talento puede salir corriendo de la línea de salida con mucha más rapidez. Por supuesto que hay diversas variables. Como es obvio, un negocio familiar toma decisiones (y elige a su líder o líderes) de forma diferente que una estructura corporativa. Las iglesias pequeñas pueden ofrecer más comunidad, pero también tienden a poner mucho más sobre los hombros de un líder. Los equipos deportivos, médicos, de construcción... hay diferentes modelos que le vienen mejor a cada situación y personalidad.

Por lo general, tiendo a favorecer un modelo individual cuando los objetivos de la organización están bien definidos y son bastante modestos. Mi padre dirigió así su chatarrería y le dio buenos resultados. No necesitaba la colaboración de su colorida empleomanía... solo le hacía falta que desarmaran los autos sin ponerle fuego a muchas cosas y sin provocar riñas. Por otra parte, tiendo a ir hacia un modelo más colaborativo cuando los objetivos requieren la participación de más de un pequeño grupo de personas. Una empresa que quiere ser pública, por ejemplo, necesita cuanto consenso pueda conseguir. Lo mismo sucede con las iglesias, y una de las ventajas del liderazgo en grupo es que cualquier líder puede alejarse de la organización y la organización continuará funcionando.

He visto el éxito en ambos modelos, depende de cómo definas el éxito.

También he visto debilidades claras en ambos modelos, *posiblemente* porque ambos dependen del liderazgo humano.

Sin embargo, lo que une estas formas de liderazgo, y en lo que quiero centrarme en el contexto de la pregunta de mi discípulo, es el potencial para un líder sin amigos, en la cima del poder, pero lamentando la falta de conexión humana. Si eres un individualista empedernido en tu vida personal, estarás solo por completo en la cima, sin importar tu estilo de liderazgo. Si valoras la colaboración en el trabajo y operas dentro de un equipo, es mucho menos probable que te sientas solo, ¡pero no es imposible!

No importa cómo funciona tu organización, valora a los demás como personas. Escucha. No atropelles a los demás. Evita ser un patán, a menos que sea necesario por completo. La forma en que llegues a la cima determinará en gran medida cuánto disfrutas estar allí. Dirige de la manera adecuada, todo el camino, y la soledad será algo por lo que no te tendrás que preocupar.

RESCATADOS DE LA ESCRITURA

Me encanta el libro de Nehemías, en parte porque es un constructor como yo. En la historia bíblica, el israelita Nehemías vivía en Persia y era un alto funcionario del gobierno. Cuando se enteró de que los muros de Jerusalén estaban destruidos, pide permiso para regresar a la ciudad en ruinas y repararla. Lo que sigue es una clase maestra en liderazgo. Nehemías es el hombre con la visión y el carisma, capaz de hacerlo por sí mismo, excepto que también pide la colaboración de los otros israelitas. Pronto, toda la ciudad le está ayudando a reconstruir la muralla[2], y en menos de ocho semanas terminan un proyecto gigantesco que tal vez les debió haber tomado un año.

El resultado fue una nación con más que una muralla reconstruida, también lo fueron su orgullo y su identidad. A Nehemías se le ve como el líder sacrificado, mientras que, a la misma vez, recibe los beneficios de su posición con una comunidad renovada y unida.

---

[2] La manera en que Nehemías logra esta tarea es renovador y relevante. Para más información, lee Nehemías 1—7.

Por otra parte, la Biblia está llena de líderes solitarios. A fin de escoger solo a uno de los muchos, piensa en Sansón como juez. Quería que le conocieran como un líder poderoso, y lo era, pero alejó y ofendió a tantos que siempre fue un espectáculo de un solo hombre. A la larga, lo despojaron de su liderazgo y lo humillaron, en parte al menos porque se negó a desarrollar relaciones sabias y fuertes en su camino hacia el poder[3].

LECCIONES DE LA CHATARRERÍA

No importa cómo funciona tu organización, valora a los demás como personas.

La forma en que llegues a la cima determinará en gran medida cuánto disfrutas estar allí.

[3] Lee Jueces 13—16.

CUARTA SECCIÓN

CON LA SABIDURÍA VIENE LA RESPONSABILIDAD DE CONOCERTE A TI MISMO, ACEPTAR EL FRACASO Y ACTUAR... PERO AUN ASÍ, DEBES BEBER BUEN CHAMPÁN.

27

TU NEGOCIO FRACASARÁ (SUPÉRALO)

A veces se necesita más fe para abandonar las cosas que empezamos que para empezarlas.

Hay un adagio comercial que dice que nueve de cada diez negocios fracasan.

Tonterías.

¡*Diez* de cada diez fracasan! Solo es cuestión de tiempo.

Este no es un punto filosófico. Es *literal.* Todos los negocios, literalmente, fracasan en algún momento. Muchos con más rapidez, otros duran décadas y unos pocos logran llegar al siglo. Sin embargo, al final del día (o del milenio), todos fracasan.

Y con muy pocas excepciones, las empresas sin fines de lucro y los ministerios siguen la misma tendencia (y se engañan de la misma forma) de los negocios. A la larga, todas las organizaciones desaparecen, dejan de operar o se convierten en algo diferente por completo. Ninguna organización dura para siempre. Sin embargo, el adagio nos hace creer que un líder tiene que mover cielo y tierra para ser *ese* uno de los diez que «no» fracasa. Por esta medida, el noventa por ciento de las organizaciones las dirigen fracasados, mientras que el diez por ciento puede elevarse hacia la cima y sobrevivir.

De nuevo, tonterías. El cien por cien de las organizaciones fracasa.

En realidad, un buen líder pregunta: «¿Cuándo fracasará?» y «¿Cómo fracasará?».

En 1986, D'Aun y yo nos montamos en una motonieve para inspeccionar una propiedad en la Sierra. (Más adelante les cuento acerca de esto). La cabaña en esa propiedad se convirtió en *Hidden Lakes Retreat*, lo cual después se convirtió en el comienzo de una docena de otras iniciativas, incluso en lugares como Brasil, Zimbabue y Belice. Esas, por su parte, dieron lugar a más empresas, como un programa universitario lanzado desde la propiedad *Jaguar Creek* en Belice, y un programa para «salvar la jungla». Otros derivados incluyeron un programa académico, una revista nacional y cientos de viajes de servicio alrededor del mundo.

¿Por qué traigo a colación estas viejas historias? Porque a mucha gente le cuesta trabajo abandonar un sueño, incluso a mí. Años después, cuando llegó la hora de abandonarlo, nos dimos cuenta de que era difícil. Parte de nuestra identidad estaba ligada a la organización en la que invertimos tanto de nosotros mismos.

Sin embargo, abandonarla fue la decisión adecuada. Nos preocupaba el lenguaje en ese momento: renuncia, jubilación, transición, pero a decir verdad, renunciamos. Con alguna buena razón, por supuesto. Estábamos agotados y sin ideas. Nuestra esperanza era que un nuevo liderazgo pudiera inyectar nueva energía a la organización. Lo triste es que, después de nuestra partida, ciertas partes de la organización murieron al final o, al menos, cayeron en coma. Se convirtió en una estadística... porque diez de cada diez organizaciones fracasan.

Mi compañía de bienes raíces trabaja con cientos de empresas pequeñas. A través de los años he visto a líderes que invierten todo lo que tienen en aventuras endebles, con la esperanza desesperada de salvarlas... solo para perderlas de todas formas.

Les hubiera sido mejor abandonarlas antes. Lo más inteligente que se puede hacer en muchas situaciones es desconectar una organización en lugar de dejarla a la deriva en un estado de decadencia.

Liberar esos recursos para que puedan ir a otra parte. Esto no significa que debamos encogernos de hombros y renunciar a una organización. Si hay visión, propósito y energía para la organización, sigue trabajando. No obstante, necesitamos equilibrar el esperado viento detrás de las velas con la posibilidad real de que estemos a la deriva y a punto de morir de disentería[1].

Ya he estado ahí. He ayudado a plantar iglesias y lanzar nuevas empresas, con fines y sin fines de lucro. Conozco esa sensación visceral de no querer darle la espalda a una visión. *¿Cómo es posible que renunciar ahora pueda ser beneficioso para alguien? Hemos llegado muy lejos y nuestro trabajo es muy importante. No puedo decepcionar a la gente.*

Son preguntas desafiantes que casi nunca tienen una respuesta clara. Aun así, te puedo decir esto: Cuando abandonamos nuestra visión, ¡nos esforzamos más en hacer una transición saludable de lo que nunca pusimos para iniciar la organización al principio! Por eso, casi siempre se necesita más fe para dejar una organización que para empezar una.

Parte del problema es nuestra tendencia a dar por sentado, no siempre como es debido, de que cada organización caritativa, sin fines de lucro o dedicada a la evangelización «hace bien» y «mejora el mundo» de alguna manera. Entonces, cuando una de esas organizaciones fracasa, nuestra suposición es que se hará menos bien en el mundo.

Esto, por supuesto, es absurdo. Ninguna organización es perfecta, y las nuevas organizaciones continúan surgiendo incluso cuando otras fracasan.

Recuperarnos de nuestro temor al fracaso nos permitirá hacer cosas importantes. A veces, un cambio de liderazgo o un cambio en la misión significan que una organización puede procurar

---

1 ¿Frustrado por la aparente naturaleza vaga y tal vez contradictoria de este consejo? ¿Quieres respuestas claras e inequívocas? ¿Quieres un programa a seguir? Entonces, bajo ningún concepto leas mi primer libro, *Junkyard Wisdom*.

una nueva visión que traiga vida y vitalidad. A veces necesitamos cerrar las puertas y marcharnos. Esto puede permitir el cambio de formas que no sería posible con nuestra presencia.

A menudo es algo intermedio... ¿No es grande la tensión?

Así que, como líderes, tratemos de quitar el miedo al fracaso de la mesa. *Fracasaremos.* Incluso, podríamos fallar de manera espectacular, ¡como con llamas, gritos, llanto y todo! De igual forma, eso está bien.

Sin embargo, pase lo que pase, como líder necesitarás fe.

RESCATADOS DE LA ESCRITURA

Me encanta ver cómo Pedro triunfó gracias a los fracasos. Hay muchos ejemplos donde lo vemos equivocarse, pero piensa en este clásico:

> Mientras tanto, Pedro estaba sentado afuera, en el patio, y una criada se le acercó.
> —Tú también estabas con Jesús de Galilea —le dijo.
> Pero él lo negó delante de todos, diciendo:
> —No sé de qué estás hablando.
> Luego salió a la puerta, donde otra criada lo vio y dijo a los que estaban allí:
> —Este estaba con Jesús de Nazaret.
> Él lo volvió a negar, jurándoles:
> —¡A ese hombre ni lo conozco!
> Poco después se acercaron a Pedro los que estaban allí y le dijeron:
> —Seguro que eres uno de ellos; se te nota por tu acento.
> Y comenzó a echarse maldiciones, y les juró:
> —¡A ese hombre ni lo conozco!
> En ese instante cantó un gallo. Entonces Pedro se acordó de lo que Jesús había dicho: «Antes de que cante

el gallo, me negarás tres veces». Y saliendo de allí, lloró amargamente.
MATEO 26:69-75

¿Por qué lloró amargamente? En parte, porque Jesús está cerca, recibiendo azotes de una turba de pastores enfurecidos. Aunque, sobre todo, porque esa misma noche Pedro *juró* que aunque tuviera que morir con Jesús, nunca le negaría.

A veces, la vida nos ataca muy rápido.

Sin embargo, como sabemos, ¡el fracaso de Pedro no le impidió triunfar en su intento de seguir a Jesús! El Espíritu Santo continuó obrando por medio de él, Jesús continuó revelándose y los milagros continuaron sucediendo a través de su trabajo.

Es más, la Escritura está llena de personas que fracasan, a menudo de forma espectacular, y terminan sirviendo a Dios. El rey David, desde luego. Jonás y Abraham. Jacob, Zacarías, Sansón, los discípulos... puedes darte cuenta.

Dios puede usar nuestros fracasos. En realidad, Dios *tiene* que usar nuestros fracasos *porque todos fracasaremos.* Así como nuestras organizaciones fracasarán a la larga, nosotros también. Si nuestro concepto de servir a Dios está atado a nuestra perfección, y a permanecer perfectos, nuestros corazones se quedarán atrofiados.

LECCIONES DE LA CHATARRERÍA

Casi siempre se necesita más fe para dejar una organización que para empezar una.

Tratemos de quitar el miedo al fracaso de la mesa.

Dios puede usar nuestros fracasos. En realidad, Dios tiene *que usar nuestros fracasos* porque todos fracasaremos.

28

CONÓCETE A TI MISMO

Tu éxito como líder depende de saber quién eres en realidad.

Mi esposa, D'Aun, es inglesa por ascendencia. También es un montón de otras cosas como holandesa y alemana, pero en general es inglesa.

¿En cuanto a mí? Soy como el *inglés*. Imagínate un bacalao frito en grasa de carne de vaca y humeantes papas fritas, sazonadas con sal y vinagre, y envueltas en papel periódico. Así soy de inglés. Tengo una prueba de ADN que muestra miles de años de existencia saboreando té en unas pocas islas pequeñas del continente europeo, con quinientos años de genealogía inglesa bien documentada[1].

Una vez, cuando D'Aun y yo estábamos en Inglaterra para visitar la Torre de Londres y una hermosa exhibición que conmemoraba a los caídos en la Primera Guerra Mundial, nos encontramos caminando por un mar de gente que parecía progresar al pasarnos, mientras que nosotros no íbamos a ninguna parte. Estábamos atrapados en una cinta transportadora con caras extrañas.

De pronto, D'Aun se detuvo, me miró, y dijo:

---

[1] Casi cuatrocientos de ellos aquí en Estados Unidos.

—Se nota que estamos en Inglaterra.

Hizo una pausa perfecta, la suficiente para darme tiempo a que *comenzara* a hacer la inevitable pregunta y, luego, me interrumpió.

—Muchas pieles pálidas y narices grandes.

Me reí a carcajadas cuando le respondí:

—¡Mi gente![2]

Mi piel es tan pálida que necesito protector solar bajo una luna brillante, y mi nariz es *algo* grande, aunque insisto en que está en proporción directa con mi cabeza. No sé bailar. Ni cantar. Fui un atleta mediocre y apenas un alumno poco más que promedio. No sé cocinar y a menudo soy sarcástico (es obvio). Lo único fácil para mí en mi liderazgo, a veces demasiado fácil, es darle órdenes a la gente.

Una parte importante de ser buen líder es comprenderte a ti mismo y aceptarte como Dios te hizo. No como *quisieras* ser, sino como *eres*. Claro, siempre podemos aprender cosas nuevas y modificar nuestros hábitos, pero algunos aspectos fundamentales de quienes somos nunca cambiarán... ¡y eso es bueno!

¿Quién soy? Soy un promotor inmobiliario, blanco, hombre, que sigue a Jesús... y con demasiada frecuencia me avergüenzo de cómo los blancos en mi país han tratado a las personas de color, cómo los hombres han tratado a las mujeres, cómo los promotores inmobiliarios han valorado las ganancias a corto plazo por encima de la comunidad a largo plazo, y cómo las personas de fe muchas veces han aceptado la conveniencia por encima de la fidelidad.

Sin embargo, también sé que mi singular mezcla de características, de experiencias, todo lo que me hace, bueno, la persona que *soy*, todavía tiene valor. Mi voz es importante. Puede estar

---

2 Si has comenzado a pensar: *Pero Roy, ¿no sabes que Inglaterra, y Londres en especial, es increíblemente diversa ahora?*, detente, por favor. Lo sé. D'Aun estaba hablando de mis antepasados, no de los datos demográficos actuales, y estábamos rodeados de un sinnúmero de personas que pudieran haber sido mi tátara, tátara, tátara cualquier cosa.

ciega a ciertas perspectivas, puede que solo sea una voz en una cultura que necesita muchas más, pero todavía es importante.

Y he aquí la cosa: Tu voz es importante también.

Fíjate, esta no es una charla para elevarte el espíritu donde nos tomamos de las manos y cantamos al final. A decir verdad, estoy seguro de que podríamos pasar algún tiempo juntos y descubrir en cuántas cosas no estoy de acuerdo contigo (¡y viceversa!). Nos divertiríamos mucho discutiendo. Aun así, necesitamos apropiarnos de quienes somos. Esto no significa que nos quedemos inertes y *sigamos siendo* iguales. Después de todo, Dios está obrando en nosotros constantemente. Lo que sí significa es que aceptemos lo que somos, con todas nuestras verrugas y, aquí hay otra de esas tensiones en el liderazgo, ser nosotros mismos, humildes, pero confiados.

Como lo dijera Sócrates con tanta sabiduría: «Tú lo haces».

Un momento, fue la internet quién lo señaló así. Sócrates dijo algo parecido a: «La vida sin examen no merece ser vivida», lo cual me parece que se basa en el aforismo griego: «Conócete a ti mismo».

Sin embargo, el asunto sigue siendo igual. Reconoce quién eres, y quién no eres, como persona y líder. Prepárate para humillarte, sobre todo si, como yo, tienes la posición privilegiada de ser parte de una mayoría en tu cultura. Prepárate para escuchar mucho, y prepárate para quedarte callado a veces. Saber quién eres *no* es una licencia para atropellar a otros. No seas un patán detrás de la máscara de «ser tú mismo».

RESCATADOS DE LA ESCRITURA

Aquí tienes una maravillosa historia acerca de quién eres como líder. En Jueces 4, leemos acerca de Débora, profetisa y «jueza» (o líder) de Israel. Un día, mandó llamar a un guerrero llamado Barac para que se presentara ante ella y, en esencia, le dice:

—Tomarás diez mil tropas y matarás a las fuerzas del rey Jabín, que están al mando de Sísara y que respaldan sus novecientos supercarros. ¿Entendido?

Barac no está muy seguro de la habilidad o juicio proféticos de Débora (¡je, je, je!), y trata de cubrirse las espaldas. Después de todo, enfrentarse a los supercarros, incluso con probabilidades de diez a uno, no es una receta para una larga vida.

—Me parece un buen plan —le dice a Débora—, siempre que vayas conmigo.

¿Por qué le pide esto? Es una trampa. Si fracasa, ella tiene que compartir la culpa, y si triunfa, piensa que recibirá el crédito porque él es el guerrero y ella solo es la jueza. O quizá Barac fuera un cobarde, no tuviera fe o fuera un flojo.

Sin embargo, mientras Barac está jugando damas, Débora juega al ajedrez. De inmediato, lo sorprende aún más y lo avergüenza.

—Si yo voy contigo, la gloria por haber derrotado a Sísara será mía. *Derrotaremos* a nuestro enemigo, pero los titulares dirán que una mujer lo derrotó, no tu ejército.

La batalla tiene lugar justo como predijo Débora. Las tropas de Barac arrasan con los hombres de Sísara, y este abandona a sus soldados y huye a pie, esperando vivir para luchar un día más. Termina en la tienda de una mujer llamada Jael, quien lo anima a descansar... y cuando se duerme, toma un martillo y le clava una estaca por la sien hasta hundirla en la tierra. ¡Esta sí que es una mujer fuerte![3]

El siguiente capítulo en el libro de Jueces nos cuenta que hubo paz en Israel por más de una generación.

Débora se conocía muy bien: una profetisa a quien Dios le había dado una visión clara de su plan, una estratega insuperable

---

3 ¿No es maravilloso el Antiguo Testamento? ¡Pídele a tu pastor que predique sobre este texto! Y recuérdame contarte del día cuando la puerta del auto le cortó parte de un dedo a mi esposa, ella lo recogió y fue conduciendo sola al hospital. ¡Qué maravillosas son las mujeres!

en su generación, y una mujer. *Además*, conocía sus limitaciones a los ojos de los que la rodeaban: no tenía experiencia militar (que sepamos), no tenía riquezas para comprar resultados y era mujer en una sociedad patriarcal que tendía a degradar a su género. Sin embargo, el liderazgo no la atemorizó, ni tampoco ser mujer, aunque sabía bien que ambas cosas no eran compatibles en esa cultura. El resultado fue bueno para todos... excepto para Jabín y Sísara, por supuesto.

LECCIONES DE LA CHATARRERÍA

Una parte importante de ser buen líder es comprenderte a ti mismo y aceptarte como Dios te hizo. No como quisieras ser, sino como eres.

Reconoce quién eres, y quién no eres, como persona y líder.

29
EL *FREESTARTER*™

«Guía, sigue o quítate del camino», ¿pero qué me dices de seguir tu propio camino?

Guía, sigue o quítate del camino. Es una frase genial que a veces citamos en nuestra cultura de liderazgo, y hay mucha verdad en ella. Si no lideras a tus seguidores, será mejor que seas un jugador de equipo e intentes seguir el ritmo... de lo contrario, no tienes parte en el juego.

Sin embargo, como pasa con la mayoría de los principios de liderazgo, la verdad es más compleja. A veces nos vemos en situaciones donde no es posible escoger entre el «liderazgo» y el «seguimiento» tradicionales[1]. Por fortuna, ¡quitarnos del camino *no* es la única opción!

Aquí tienes un ejemplo, como mencioné en el capítulo 27, D'Aun y yo fundamos un pequeño lugar de retiro, con principios de fe, ecológico, que por accidente y durante el curso de quince años se extendió a veintisiete países. Comenzó en un país, desde luego, en una pequeña cabaña en la Sierra, allá por el año de 1986.

A fin de comprender cómo nuestra jornada fue de muy reducida a global, es preciso imaginarnos el clima cultural de la época. Yo era un promotor inmobiliario, blanco, hombre, con un diploma

---

[1] Una decisión que casi siempre está fuera de nuestro control.

de una universidad cristiana y sin experiencia internacional[2]. Se suponía que hombres como yo trataran con frialdad a los ambientalistas. Los ambientalistas eran, según la mentalidad de los tiempos, los liberales sin Dios que se ocupaban más de los árboles que de la gente, mientras que nosotros éramos los piadosos que nos ocupábamos más de las almas que de la contaminación por cianuro.

Entonces, cuando D'Aun y yo estábamos en nuestro último año de universidad, asistimos a un programa de estudio en la Sierra. Entre los campamentos en la nieve, las escaladas en roca y el esquí de fondo, tomamos un curso en un nuevo y loco campo de estudios teológicos: el cuidado de la creación bíblica.

El curso me convenció a reconsiderar mi perspectiva. Si Dios creó, bueno *la creación*, y vio que era buena, ¿no debemos hacer lo mismo nosotros? ¿No debe interesarnos lo que le interesó a Dios, sobre todo porque son los pobres los que más sufren cuando a nosotros *no* nos importa la creación? En el viaje a casa, le pregunté a D'Aun: «Sabes, un día, cuando estemos jubilados, ¿no sería fantástico comenzar nuestro propio centro de retiro y traer grupos pequeños para hablarles acerca del cuidado de la creación?».

Yo solo estaba pensando en una pequeña cabaña en el bosque cuando nos jubiláramos. Los planes de Dios eran diferentes, y en una línea de tiempo mucho más avanzada. Terminamos persiguiendo ese sueño mucho antes. En vez de esperar cuarenta y cinco años, o hasta jubilarnos, Dios nos dirigió a lanzar el centro de retiros solo cinco años más tarde.

Y entonces comenzó el viaje desenfrenado. La organización creció a pasos agigantados y nos vimos frente a una lista inmensa de cosas que hacer. Debíamos movilizar voluntarios, organizar y dirigir proyectos para el cuidado del medio ambiente, construir centros de conferencias sostenibles, fundar capítulos de la organización en diferentes universidades, equipar y enseñar a los líderes,

---

2 Hoy en día, esas cosas son una mezcla de todavía cierto, un poco cierto y menos cierto.

comunicarnos con los donantes, crear el currículo, hablar en las iglesias, y así sucesivamente.

No le teníamos miedo al trabajo duro, y nos preocupaba con pasión el problema... pero había un obstáculo importante: *Nadie* más hacía lo que hacíamos nosotros. Nadie lo había intentado siquiera. Claro, había libros acerca del cuidado de la creación escritos por académicos, y algunos grupos de expertos tratando de influir en la teología. Aun así, no existía otra organización que estuviera tratando de *practicar* el cuidado de la creación.

¿Guía, sigue o quítate del camino? En esos primeros años no liderábamos de veras según la mayoría de los estándares culturales establecidos para el liderazgo. Casi nadie apareció, ¡y muchos de los que vinieron solo lo hicieron por la magnífica ubicación o los bajos precios que ofrecimos!

Por lo tanto, ¿estábamos siguiendo? No. Estábamos solos, inventando en el camino y, lo más triste, ¡en desacuerdo con el liderazgo de la mayoría de las iglesias!

Entonces, ¿nos quitamos del camino? Ni por un momento. Es más, ¡estábamos *atravesados en el camino* de mucha gente! Si eres menor de, a ver, treinta y cinco años, te parecerá extraño que los pastores y líderes eclesiásticos *no* fueran fanáticos del cuidado de la creación. Y no importa tu edad, no te sorprenda oír que los ecologistas no tiendan a ser fanáticos de la iglesia. Una amiga, Peggy Campolo, nos dijo a D'Aun y a mí algo que fue tan profundo como perturbador. Dijo que estábamos construyendo un puente entre la iglesia y los grupos ambientalistas, y los puentes son para caminar sobre ellos.

Huy.

Abrir tu propio camino puede ser doloroso. Sin embargo, al volver la vista atrás, nuestra decisión ayudó a la iglesia. Hoy en día, con excepción de unos pocos extremistas, sería difícil encontrar un pastor que defienda un mal comportamiento o «solo» descuidado hacia el medio ambiente. El cuidado de la creación es legítimamente ortodoxo (sana doctrina) para los cristianos occidentales del siglo XXI, aunque todavía tenemos un largo camino por recorrer en términos de práctica.

Se podría decir que nos convertimos en líderes a medida que nuestros esfuerzos ganaban fuerza. De acuerdo, te lo concederé. En cambio, al principio, éramos visionarios, profetas, locos, atípicos... Elige tu definición. Pero no los líderes.

Esta historia no es única. Todos conocemos a alguien, o acerca de alguien, que tuvo una idea «loca» que ahora se acepta y hasta se imita. ¿Quiénes son estos locos? He descubierto que hay tres tipos.

El profeta. Un profeta no siempre tiene seguidores, pero tampoco un profeta sigue a un líder humano. A menudo, los profetas están al margen de la sociedad o fuera de ella por completo. El Antiguo Testamento está lleno de profetas que operaban por su cuenta, y los rechazaron tanto los poderosos como los que no tenían poder. Sin embargo, por su propia definición, los profetas no se «quitan del camino». Todo lo contrario: Se interponen en el camino, a menudo como un testigo solitario o una advertencia.

El artista. «Quitarse del camino» parece el estado natural de muchos artistas. ¿De qué otra forma describir un pintor o dramaturgo solitario, trabajando solo en la noche? En cambio, el arte que resulta, si es verdadero, no puede «quitarse del camino». El arte es el poder espiritual y creativo para perturbar, dar forma e influir en el mundo. Los artistas, al igual que los profetas, ven las cosas desde un punto de vista diferente del resto de nosotros. En las palabras de Emily Dickinson, «dila sesgada»[3], y nos ayudan a comprender a Dios, nuestro mundo, nuestros semejantes y a nosotros mismos de una nueva y transformadora manera.

El *Freestarter*™. He tenido que inventar mi propia terminología para describir este último tipo de líder que se abre su propio camino. Un *freestarter* [iniciador independiente] tiene una mezcla del celo del empresario, la creatividad del artista y la visión

---

[3] Emily Dickinson, *The Complete Poems of Emily Dickinson*, Little, Brown, Londres, 1976, p. 506.

de un profeta. Cuando lanzamos nuestro centro de retiros en la Sierra, éramos iniciadores independientes.

He aquí una simple ilustración. Digamos que un grupo de personas deambula por un camino rural en la campiña inglesa, perdido y confundido. Por fin, llegan a una intersección. Puede que un líder diga: «Vamos por aquí». Puede que un líder de colaboración diga: «Pasemos unos momentos como grupo para averiguar qué camino tomar». De cualquier manera, si el líder está operando con sus fortalezas, a los seguidores les encantará seguirlo, pues notan la sabiduría en el liderazgo (o porque temen hacer otra cosa). Algunas personas podrían «apartarse del camino», solo deteniéndose dónde están y esperando ayuda.

Sin embargo, un iniciador independiente se involucra en el proceso de la toma de decisiones, escucha las ideas sobre cómo proceder y, luego, al no encontrar aceptable ninguna de las opciones... abandona ese camino y corta por el campo adyacente. Nadie lo sigue. La mayoría piensa que está loco. Unos pocos están celosos en secreto, pues no tienen el valor de cortar camino. ¿Y el iniciador independiente? Llega al bar antes que nadie, y así consigue el último pastel de carne y papas del día, así como la ventaja de un vaso de cerveza.

¿Te parece demasiado idílico? Es porque lo inventé para probar un punto. Lo que sí es cierto es que los iniciadores independientes perciben distintas alternativas. Respetan las decisiones de otros, pero se sienten obligados a vivir según sus propias decisiones, aun si estas son inesperadas o arriesgadas. Debido a que pocas veces los pueden limitar a los moldes comunes, contribuyen a definir y extender la realidad. Debido a que casi nunca tienen seguidores, a los iniciadores independientes los pueden tomar como personas sin el don de liderazgo.

Así que, la próxima vez que escuches alguna variación de «dirige, sigue o quítate del camino», pregúntate cuáles son las alternativas que no se han mencionado. No todas las formas de liderazgo son iguales. El liderazgo tradicional y su seguimiento tienen su lugar. Como vimos antes, en ocasiones sí te tienes que quitar del camino... sobre todo cuando fracasa tu negocio. No obstante, cuando ninguna de esas opciones es viable, no tengas miedo de abrir tu propio camino, aunque los demás piensen que estás loco.

RESCATADOS DE LA ESCRITURA

¿Cómo podemos llamarle a un hombre que es *casi* líder y *casi* seguidor, pero la mayoría de las veces va por su propio camino? Yo le llamo Noé. Todos pensaban que estaba loco, pero es uno de los personajes más importantes de la Escritura.

Noé nunca trató de ser líder. Solo hacía lo que tenía que hacer, y escuchaba y obedecía a Dios en su manera inusual; un clásico iniciador independiente[4]. ¿Te imaginas las reacciones que generó en sus vecinos? ¡Trata de construir un arca en tu patio y ve cómo reacciona la gente! No solo tus vecinos pensarán que estás loco, sino que los funcionarios de zonificación estarían un poco disgustados al ver esa enorme estructura en el patio.

Sin embargo, Noé era de cierta forma un líder en realidad. No porque tuviera seguidores. La suma total de sus seguidores era su familia (que tenía que seguirlo) y un montón de animales (que eligieron seguirlo en vez de ahogarse). Si haces algo que todos piensan que es extraño, y más tarde resulta que tenías toda la razón (aparte de salvar al género humano y a todos los animales), ¿no crees que te mereces un poco de crédito por ser un gran líder?[5]

---

[4] También se le puede considerar un profeta, diciéndoles una verdad desagradable a sus vecinos escépticos, y hasta se le podría considerar un artista, pues construyó un barco artesanal con madera recuperada.

[5] Y como pasa con muchos iniciadores independientes, la experiencia total fue tan agotadora que cuando todo terminó, se emborrachó. (Consulta Génesis 9:20-23).

La clave es que Noé era ante todo un seguidor de Dios. A decir verdad, su compromiso total con Dios, orientado hacia la acción y a lo ilógico, fue lo que lo volvió lo *suficientemente* loco como para construir un arca y pensar que los animales se le unirían para un viaje por mar. Probablemente *sí* le importaba lo que pensaban los demás, como a nosotros. Tal vez se *sintiera* herido por las burlas de los vecinos y frustrado por amigos que no lo apoyaban, y que se pasara muchas noches sin dormir preguntándose si estaba loco de verdad. Sin embargo, perseveró como un seguidor de Dios, convirtiéndose al mismo tiempo en un líder.

Y esa es una de las tensiones en el corazón de todo esto del liderazgo: Los mejores líderes son, a fin de cuentas, seguidores fenomenales.

LECCIONES DE LA CHATARRERÍA

No tengas miedo de abrir tu propio camino, aunque los demás piensen que estás loco.

Los mejores líderes son, a fin de cuentas, seguidores fenomenales.

30

NUNCA COMPRES CHAMPÁN BARATO

Lidera con lo mejor de ti. Punto.

«Eh, Roy, ¿cuál es el mejor consejo que te han dado?», puede que te preguntes. (Por el bien de este capítulo, necesito que al menos uno de ustedes me haga esta pregunta. Gracias).

Muy buena pregunta. La contestaré con esta historia.

Corría el año de 1981. Tenía el pelo y el bigote castaños. (¿Has visto mi brillante cabeza calva en la foto de la portada? Entonces, sabes por qué es cómico). Sin embargo, le hubieras prestado más atención a mi vestuario. Estaba vestido con mi esmoquin de boda, un modelo gris pizarra con ribetes color carbón, combinado con una corbata a rayas diagonales que parecían un canal de televisión con mala recepción. Mi esposa de dos horas, D'Aun, se veía hermosa en un vestido que le confeccionó su madre.

Todavía recuerdo casi todos los detalles de nuestra recepción, y así es que sé que era inquietamente similar a un número incontable de otras recepciones[1]. Habíamos alquilado en un histórico

[1] También nuestro antiguo empleado Walt, que era como un abuelo para mí, tenía una novedosa cámara de vídeo con una batería tan grande y pesada que tenía que llevarla en el cinturón.

hotel y restaurante del centro de Plesanton. No había una banda en vivo y tuvimos muy poco alcohol. El padrino y la dama de honor se pusieron de pie para los brindis. Cortamos la tarta, pero no nos la aplastamos en la cara. D'Aun les tiró el ramo de flores a las mujeres que esperaban. Algunos miembros de mi extensa familia habían abandonado el salón de baile prefiriendo el bar. El abuelo de D'Aun me tiró arroz a la espalda cuando me dio un abrazo de despedida. Y pronto estuvimos listos para irnos en el Cadillac blanco diésel de mi papá (que se averió dos días después).

«Oye, Roy, es una historia bastante aburrida... ¿no ibas a hablar acerca del mejor consejo que te han dado?», quizá te estés preguntando.

Sí, sí, estoy llegando. Solo era necesario un poco de trasfondo. Bueno, estábamos ya listos para salir de esa recepción en extremo promedio, normal, estándar, pero maravillosa, cuando de pronto, mi hermano mayor, Geoff, me dio un consejo excepcional que cambiaría mi vida.

Yo solo tenía veintidós años, pero Geoff tenía treinta y cinco en ese entonces, con dos hijos y una hipoteca. Ya hacía todo lo relacionado con la mitad de la vida, mientras que yo estaba rebosante de energía y entusiasmo. Geoff atravesó el piso de parqué y se dirigió hacia mí con el brazo extendido. Yo extendí el mío para darle la mano y, mientras lo hacía, deslizó algo en la palma de mi mano. Me di cuenta de que era dinero en efectivo.

«Solo tengo un pequeño consejo para ti», dijo, sosteniendo mi mano. «Nunca compres champán barato». Cuando me soltó la mano, en sus labios se dibujó una ligera sonrisa, y después se dio la vuelta y se fue.

Resulta que era un billete de cien dólares, ¡una suma grande para un recién casado que ganaba mil quinientos al mes! Lo que me sorprendió del consejo de Geoff, y su regalo, fue lo que dijo literalmente. Quería que D'Aun y yo tuviéramos una luna de miel memorable y digna de contarse. Quería que nos compráramos una botella de champán *de verdad* por cien dólares y no una botella barata de «vino espumoso». No quería que repartiéramos el dinero en una serie de pequeñas compras y, ¡Dios nos libre!, que lo pusiéramos en la factura del supermercado. Su regalo fue generoso, divertido y amoroso, todo al mismo tiempo.

Conozco bien a mi hermano. Casi todo lo que ama en la vida puede categorizarse con una sola palabra: *bueno.* Buena comida, gente buena, buenos caballos. Buenos autos, buenas intenciones y, sí, buen champán.

«Oye, Roy, la historia es *un poco* mejor ahora, pero... ¿eso es todo? ¿En serio que ese es el mejor consejo que has recibido?», tal vez te preguntes.

Sí, y te digo por qué. «Nunca compres champán barato» ha tomado un significado mucho más profundo para mí con el paso de los años.

Muchos tenemos el hábito de guardar lo bueno para después Nos reservamos ciertas posesiones para ocasiones especiales, solo para después volver la vista atrás y darnos cuenta de que nunca llegó ese momento *tan especial.* La vajilla buena de la boda la ponemos en una vitrina, y nunca más ve la luz del día. Jamás disfrutamos de una botella de champán caro.

Ahora bien, si solo estuviéramos hablando de platos o bebidas, ¿qué importaría? Sin embargo, las cosas más profundas y sagradas pueden ser víctimas de la misma tentación.

Amamos a nuestras esposas, pero no nos tomamos el tiempo ni la energía de crear suficientes momentos especiales. Guardamos el corazón en la vitrina, esperando una ocasión especial, pero dicha ocasión nunca llega. Y pronto, volvemos la vista atrás y nos damos cuenta de lo *barata* que se ha convertido la relación.

Hacemos lo mismo con nuestros hijos. Lo hacemos con Dios. Nos enfocamos con tanta intención en lo obligatorio, lo práctico, lo eficiente, que perdemos lo mágico. El glorioso desperdicio.

También lo hacemos con nuestro liderazgo. Los verdaderos líderes dan lo mejor de sí mismos en toda situación. Sin escatimar, sin guardar el lado «caro» de sí mismos para una ocasión futura.

No siempre es necesario comprar champán. En cambio, cuando lo hagas, no compres lo barato.

RESCATADOS DE LA ESCRITURA

La Escritura está llena de ejemplos de acciones que son gloriosos desperdicios, pero pocas superan lo que Juan 12 registra acerca de las acciones de María. Jesús es el invitado de honor en una fiesta, y todos los demás invitados están sentados a la mesa, cuando de la nada, María abre un frasco de perfume costoso y lo derrama sobre los pies de Jesús. ¿Cuán caro? Piensa en treinta mil dólares, más o menos. (La Escritura nos dice que era el equivalente al salario anual de un obrero).

Esta es una cantidad enorme de dinero derramada sobre los pies de un hombre que pronto el gobierno arrestaría y ejecutaría. Los discípulos están enojados, sobre todo el traidor, pero Jesús elogia la acción.

Casi como si le estuviera diciendo a sus amigos, y a nosotros, que nunca compren champán barato.

LECCIONES DE LA CHATARRERÍA

Nunca compres champán barato.

Nos reservamos ciertas posesiones para ocasiones especiales, solo para después volver la vista atrás y darnos cuenta de que nunca llegó ese momento tan especial.

Los verdaderos líderes dan lo mejor de sí mismos en toda situación. Sin escatimar, sin guardar el lado «caro» de sí mismos para una ocasión futura.

31

ACTA NON VERBA

Hechos, no palabras.

Hay una historia acerca de mi padre que muy pocos han escuchado. Está tejida a partir de tres de las características que lo definían mejor. Primero, su feroz amor por la vida. Esta fue una fortaleza que lo ayudó a salir de la miseria hacia la riqueza, y lo mantuvo activo por años mientras batallaba con la enfermedad de Parkinson. Segundo, su encarnizada vena de independencia personal. Y tercero, el tiempo que pasó en la Academia de la Marina Mercante de los Estados Unidos conocida como *Kings Point*[1] donde aprendió el concepto del servicio por encima de uno mismo, y donde adoptó para sí el concepto de *Acta Non Verba.*

Hechos, no palabras. Acción y no conversación. Ese era el lema de mi padre también... y si esos elementos de su personalidad le traían problemas a veces, también eran su mayor fortaleza.

---

[1] Mi papá se alistó en la marina mercante, que es una flota civil de barcos que se une a la marina durante la guerra, porque no quería matar a nadie. Casi diez mil marineros valientes murieron en la Segunda Guerra Mundial, y a un ritmo más alto, casi uno de cada veinticinco, que cualquier otra rama de los servicios armados. Para obtener más información sobre este tema, consulta http://www.usmm.org/faq.html.

Esta historia casi no se narra porque a veces es demasiado fuerte. No es graciosa ni frívola, pero es una lección inolvidable de liderazgo. Yo era joven cuando sucedió esto, pero nunca he dejado de pensar en ello.

Fue en 1969 o 1970, y conducíamos por una carretera rural, cerca de la casa de mi hermano mayor Geoff en Nuevo México. Habíamos recogido a Geoff y su esposa, Nancy, y ahora los cinco (Geoff, Nancy, mamá, papá y yo) nos dirigimos a un lugar que hace mucho tiempo olvidé. Era un camino ondulante por la ladera de una montaña, con una caída de varios cientos de metros por un lado y un alto despeñadero por el otro. De vez en cuando, pasábamos algunas rocas perdidas que se desprendieron y estaban regadas por el lado del camino.

Al doblar una curva pronunciada, vimos un auto colgando del borde del camino, como en las películas. Las ruedas del frente colgaban del borde, y parecía que el auto iba a caer en cualquier momento. Tres segundos después, nos detuvimos detrás del auto, y papá salió. Luego, salió Geoff.

Mamá se volteó de pronto hacia el asiento de atrás con el brazo extendido. «¡Roy, no salgas! Tú te quedas...».

Yo salí de todos modos. Veo a mi papá en la puerta del chofer. Veo a Geoff que arrastra una gran roca y la pone de calzo en una de las ruedas traseras. Yo imito a mi hermano y salto a buscar otra roca cercana para llevarla al auto. Puedo oír a la mujer desde la ventana abierta del auto, llorando y llorando, y puedo ver que los labios de papá se mueven. Las manos extendidas, con las palmas hacia abajo, como si tratara de calmarla.

Mi mamá y Nancy están ahora al lado del camino, moviendo los brazos, tratando de detener a cualquiera que estuviera dispuesto a correr al teléfono público más cercano para llamar y pedir ayuda.

Geoff y yo añadimos dos rocas más, y otras dos. Las calzamos lo más apretado posible porque cada varios segundos el auto se tambalea, como si la mujer tuviera el pie en el acelerador y los frenos al mismo tiempo.

Las ruedas están tan seguras como pudimos, y nos detuvimos para respirar. Miré a Geoff cuando vimos que la mujer aceleró el motor. Los dos nos dimos cuenta de que está tratando de suicidarse.

Yo me acerco a mi padre, a pesar del terror en el pecho. Lo escucho hablar. Calmado y en voz baja, como le había oído hablarles a los caballos con anterioridad. Le dice a la mujer todo lo que va a hacer, paso a paso, y al oírlo, el pecho se me apretó aún más.

Sus acciones iban a la par de sus palabras. Los próximos segundos nos parecieron años mientras observábamos. Mi papá toca la puerta, toma la manija, abre la puerta, mientras tanto sigue hablando con suavidad. Pone una mano en el volante y, entonces, *no, papá, no*, se desliza con cuidado hasta que la cadera está en el asiento y la pierna derecha está dentro del auto. No le pregunta a la mujer, le habla. Presiona el pedal del freno con el pie derecho, usa el izquierdo para presionar el freno de emergencia, extiende la mano derecha y pone la transmisión en posición de estacionamiento.

La mujer se sujeta la cabeza con las manos y llora a voz en cuello hasta... desfallecer. Se da por vencida.

Papá apaga el motor, saca las llaves y, luego, su cuerpo se relaja también. No dice nada. Solo se queda sentado junto a la mujer, lo bastante cerca como para que ella se desplome contra él, sollozando, aterrorizada, confundida.

Me estremezco. Camino hacia mi madre, y ella me rodea con el brazo. Nadie habla. Transcurren unos minutos y pasa un automóvil. Un pájaro chilla muy alto. Pasan unos minutos más. Papá no se ha movido y tampoco la mujer.

Las sirenas se escuchan más cerca. Papá mira mientras la patrulla se detiene en la cuneta. Vuelve a mirar a la mujer y le sonríe. Se aleja del auto. Todavía tiene las llaves en la mano.

El policía se acerca a la puerta del chofer. «Su licencia y registro, por favor».

Papá se prepara para entregar las llaves, pero cuando escucha al oficial, se le congela el brazo. Observa al policía con una mirada que lo hace dar un paso atrás. Es la mirada de un hombre que creció pobre, que se llevaba pepinillos y tarta de chocolate de las fiestas para poder comer, que vio la muerte y la destrucción mientras luchaba por su país en una guerra mundial, que sacaba piezas grasientas de autos destrozados para poder mantener a su familia, que miraba con fijeza a los drogadictos y a los Ángeles del Infierno por igual. Es una mirada que transmite disgusto, enojo y valentía. También es una mirada de desesperación, de un hombre que acaba de arriesgar su vida por una extraña sin pensarlo dos veces. Entonces, papá sacude la cabeza, entrega las llaves y regresa a nuestro auto.

Volvemos a nuestro auto. Miro hacia el frente y veo que las manos de papá tiemblan un poco en el volante. Mamá llora en silencio. Mi hermano y mi cuñada están sentados quietos a mi lado, respirando hondo.

Nos marchamos. Miro hacia atrás y veo al policía hablando con la mujer, veo las rocas que colocamos debajo de sus ruedas traseras. Veo todo cada vez más pequeño.

Y luego doblamos en la curva.

Hasta el día de hoy, puedo saborear ese temor. Puedo escuchar el motor de la mujer revolucionar, los neumáticos sacudirse contra el barro y las rocas.

Y hasta el día de hoy, creo que ese evento fue un resumen hermoso de lo que definía a mi padre. Afectuoso, amoroso, compasivo y desesperado por ver la vida continuar, incluso en medio del odio hacia uno mismo. En especial, en medio del odio hacia uno mismo.

La única forma en que podía hacerlo era actuando.

Sin planificación. Sin deliberación. Solo saltó del auto y se dio cuenta de las cosas a medida que avanzaba. Creo que es por eso que la actitud del policía enfureció a mi padre. Habiendo actuado sin tener en cuenta su propia seguridad, papá se disgustó por la insistencia en la rutina procesal. El policía pasó por alto la razón principal: Había una mujer desesperada que necesitaba ayuda.

Eso fue lo *único* que vio mi padre.

Papá era un hombre especial. Lo supe cuando era niño. Lo sé aún mejor ahora que ya no está.

RESCATADOS DE LA ESCRITURA

Después de una historia así, bueno, ¿a dónde vamos? La Escritura está *llena* de historias que podemos usar. Sin embargo, una vez que consulté con mi editorial, tomamos la decisión de *no* incluir el libro de Santiago completo.

También decidimos no incluir Isaías 1:16-17 (o cientos de otros versículos de ese libro).

Ni el Sermón del Monte. Ni Mateo 25:34-46.

Ni Oseas 6.

Ni Amós 5:21-24.

Es más, ahora que perdí tanto tiempo con este preámbulo, solo me queda espacio para tres oraciones más.

Lee todo lo que mencioné. Entonces, si no encuentras tiempo para eso, aquí tienes la versión condensada:

> Yo te mostraré la fe por mis obras.
>
> SANTIAGO 2:18

LECCIONES DE LA CHATARRERÍA

«Yo te mostraré la fe por mis obras» (Santiago 2:18).

CONCLUSIÓN

Un líder veterano que conozco recibió hace poco una pintura al óleo por encargo. Este líder es presidente de una universidad, erudito y escritor que siente una profunda admiración por San Agustín, el famoso teólogo y líder de la iglesia del siglo IV. San Agustín, básicamente inventó el género de la escritura sobre sí mismo, por el que estoy agradecido, logró influir de manera profunda en sus contemporáneos *y* en la cultura, la filosofía y la religión del mundo durante los siguientes mil seiscientos años. Así que él es algo importante.

Bueno, la pintura muestra a San Agustín arrodillado al pie de la cruz, mirando los pies de Jesús. (Si te preguntas cómo alguien que nació más de tres siglos después de la muerte de Jesús podría estar presente en la crucifixión, relájate, ¡es arte!). Retratado como un penitente barbudo, Agustín se queda mirando a través de los años y varios países a la fuente de su fe y el trabajo de su vida. Se arrodilla con humildad, concentrado en los pies de Jesús.

Se enfoca en los pies.

Hay algo tanto profundo como hermoso en eso. En la presencia del más grandioso líder de la historia, Agustín pone la vista en... los pies.

Esos fueron los pies que trajeron a Jesús *al* mundo, llenos de bondad y motivados por el amor. Jesús no vino al mundo para sentarse en su despacho a escribir libros, sino que vino para *actuar*. Los pies lo llevaron de Galilea a Samaria, a Judea y, por último, a Jerusalén. Hasta que por fin lo cargaron a él (y a su cruz) al lugar de ejecución.

San Agustín fue un líder de líderes, el obispo de Hipona, y un gigante de la iglesia primitiva. Y cuando miro a San Agustín en ese cuadro, sigo su mirada hacia los pies de Jesús.

Me atrae a Cristo.

Un verdadero líder es uno que, cuando lo siguen, acerca a la gente a Cristo. Sin embargo, muy a menudo nos sentimos atraídos solo al líder, y no a Cristo. Muy a menudo, la vista de los líderes se centra en otras cosas y no en Cristo.

Hay una tensión aquí que corre a través de este libro: A veces, como líderes cristianos *necesitamos* enfocar la vista en otras cosas que no son Cristo. Como cuando tenemos que finalizar un proyecto con una fecha de cierre que se aproxima con rapidez. Si la página web necesita salir en tres días, no tenemos mucho tiempo para orar y escribir un diario, ¿verdad?

Sin embargo, muy a menudo se nos olvida volver a poner la vista en Cristo.

Cuando eso sucede, cuando nos habituamos a liderar sin Cristo, nos hacemos daño a nosotros mismos, a nuestros empleados y a nuestras organizaciones.

Existe un movimiento natural en el liderazgo, un equilibrio entre la humildad y la confianza. Entre la paciencia y la productividad, la sabiduría y el riesgo, la fe y la cautela. Mientras más seguimos a Cristo, más nos sentiremos atraídos a las cosas adecuadas por los motivos apropiados, y lidiaremos mejor con las tensiones y mantendremos el equilibrio. Cuando los líderes están dispuestos a acercarse a los pies de Cristo y arrodillarse, esos mismos líderes sabrán en qué momento es hora de *dejar* la cruz para ir al mundo, por el bien del mundo.

Mira, yo quisiera ser el líder perfecto. Como es obvio, no lo soy. Quisiera poder decirte con exactitud qué hacer en el preciso momento y de la mejor manera. En cambio, no puedo, como tampoco puede ningún autodenominado experto en liderazgo[1].

No obstante, te puedo hacer esta pregunta (y a mí también): Si te consideras un líder, ¿guías a la gente hacia Cristo?

No importa qué tipo de líder seas (empresario, ministro, artista, profeta, *freestarter* [iniciador independiente], educador, gobierno, entretenimiento), cuando todo está dicho y hecho, ¿mantienes la mirada en los pies de Jesús? ¿Y los que te siguen quieren seguir esa mirada?

Si leíste este libro hasta este punto, es evidente que quieres ser con exactitud esa clase de líder. Así que comienza ya.

---

1 En serio. Nadie puede... así que si alguien lo intenta, ¡puedes ignorarlo con seguridad!

RECONOCIMIENTOS

Es un jueves por la noche cuando D'Aun pregunta:

—¿Quieres invitar a alguien a tomar una copa de vino este fin de semana?

—Claro —le contesto—. ¿Qué te parece algunos de los que me ayudaron con el libro?

—¿No es una lista muy larga? ¿A quiénes tienes en mente?

A la memoria me vienen todos los que me han enseñado sobre el liderazgo, desde los de la chatarrería hasta los de las cuadrillas de construcción, desde los corredores hasta los pastores. Muchos mostraron cierta valentía en su liderazgo que cambió mi vida, en especial para bien. Podríamos invitarlos, pero la mayoría no vendrá, y algunos ni siquiera me recordarán. Pensándolo bien, es mejor comenzar con lo obvio.

—Bueno, *tú*, por supuesto.

—Pues, *gracias* —bromea ella.

—Y Rachel y Jedd, desde luego —continúo yo, ignorando su sarcasmo—. Y Anne Stoneberger por todo su trabajo de edición, así como a David Zimmerman y al equipo de NavPress. Tawny Johnson fue muy buena agente y debe recibir una invitación.

—¿Qué me dices de David?

—Ah, sí, David Jacobsen, claro. Él hizo todo el trabajo fuerte. Y quizá sea la única persona que escriba con más sarcasmo que yo. Ah, y Nancy Ortberg. ¿Recuerdas que la idea original de este libro fue suya? Eso quizá fuera al menos diez o quince años atrás. Y, por supuesto, a mi viejo amigo Bob Goff, ya que fue tan amable para escribir el prólogo.

—Bien. Parece un grupo divertido de personas.

—Sí, pero... ¿te importaría si invito a algunos más?

D'Aun me mira con cautela.

—¿Quién más? —me preguntó D'Aun mirándome con cautela.

Me aclaro la garganta, un poco preocupado por su reacción, y en seguida le digo:

—Solo unas cuántas personas que me enseñaron algo acerca del liderazgo o me hicieron buenos comentarios acerca del libro. Roger Dermody, Mark Parcher, Adrienne Parcher, Greg Lundell, Jen Hollingsworth, Brenda Salter McNeil, Nick Parisi, Ken Wytsma, Debbie Hall, Gayle Beebe, Carol Houston, Stan Gaede, Verne Sharma, Tony Campolo, Charlie Brown, Jody Vanderwel, Steve Madsen, el obispo Wright, Mark Roberts, Jacquelline Fuller, Mark Zoradi, mi hermano Geoff, mi madre, por supuesto...

—¡Basta ya! —me interrumpe—. Ya sé. Esto comenzó invitando a unos cuantos amigos, pero tú quieres una gran fiesta.

Me detengo para reflexionar en sus palabras, pensando en todos los que me ayudaron como líder y me ayudaron a escribir este libro. Es una lista larga, regada por todo el globo, y a través de las décadas, incluso algunos que nunca conocí. Lo triste es que algunos ya no están con nosotros: Max De Pree, Peter Drucker, Dallas Willard, Jane Higa, Clarence Sands, Andy Grove. Y, sobre todo, mi papá.

Unos minutos más tarde le digo:

—¿Sabes? Estoy agradecido de veras con todos los que me ayudaron. Sin embargo, en las palabras de Johnny Cash, creo que esta noche solo quiero una botella de vino y tú.

—Parece grandioso —me responde sonriendo ella.

Y lo es.